FAO中文出版计划项目丛书

风险管控助推气候智慧型韧性农业粮食价值链建设：气候服务的作用

联合国粮食及农业组织　编著

张龙豹　　王鹏远　　于日鑫 等　译

中国农业出版社
联合国粮食及农业组织
2025·北京

引用格式要求：

粮农组织。2025。《风险管控助推气候智慧型韧性农业粮食价值链建设：气候服务的作用》。中国北京，中国农业出版社。https://doi.org/10.4060/cb8297zh

本信息产品中使用的名称和介绍的材料，并不意味着联合国粮食及农业组织（粮农组织）对任何国家、领地、城市、地区或其当局的法律或发展状况，或对其国界或边界的划分表示任何意见。提及具体的公司或厂商产品，无论是否含有专利，并不意味着这些公司或产品得到粮农组织的认可或推荐，优于未提及的其他类似公司或产品。

本信息产品中陈述的观点是作者的观点，未必反映粮农组织的观点或政策。

ISBN 978-92-5-135625-8（粮农组织）

ISBN 978-7-109-33304-8（中国农业出版社）

ACKNOWLEDGEMENTS | 致　谢 |

《风险管控助推气候智慧型韧性农业粮食价值链建设：气候服务的作用》是由联合国粮食及农业组织（粮农组织，FAO）气候变化、生物多样性及环境办公室（OCB）在全球气候智慧型农业联盟（GACSA）[①]项目框架内编著，并获得了意大利生态转型部的资助。

本书是粮农组织气候风险团队和气候智慧型农业团队合作编写的成果，双方团队在 Federica Matteoli（粮农组织自然资源官员兼 GACSA 项目协调员）的技术协调和监督下以及 Lev Neretin（粮农组织环境工作组负责人）的总体指导下开展工作。此外，粮农组织众多司局和办公室也为本书提供了大量的技术咨询和建议。

粮农组织统筹协调的主要作者有 Arianna Gialletti、Ana Heureux、Jorge Alvar - Beltrán、Federica Matteoli 和 Lev Neretin。

部分专家对手稿提出了宝贵的意见和编辑，特别是 Irini Maltsoglou（气候变化、生物多样性及环境办公室，OCB），David Neven（农业粮食体系及食品安全司，ESF）、Tiziana Pirelli（OCB）、Manas Puri（OCBD[②]）、Maryam Rezaei（粮农组织近东及北非区域办事处，FAO RNE）和 Emilie Wieben（OCBD）。

技术编辑由 Poilin Breathnach 负责，文案编辑和校对由 Lynette Hunt 负责，排版设计和布局由 Art&Design Srl 和 Candida Villa - Lobos 负责。

本书的项目经费由意大利生态转型部赞助。

---

① 译者注：经查询，目前存在的国际组织是"全球气候智慧型农业联盟"，于 2014 年在纽约成立，在 FAO 出版物中可以查询到。疑似原文出现笔误，将 Global 写成了 International。参见《中国气候智慧型农业：从政策到投资》（粮农组织，2023）。

② 译者注：OCB 与 OCBD 均指代 FAO 同一个部门，两种缩写均可，OCB 更常用。

缩略语 ACRONYMS

ACRE	农业和气候风险企业
ART	非洲根茎类作物项目
ASEAN	东南亚国家联盟（简称"东盟"）
CCAFS	气候变化、农业与粮食安全研究计划
CGIAR	国际农业研究磋商组织
CIAT	国际热带农业中心
CRA	气候风险评估
CRAFT	气候韧性型农业综合企业助力未来发展项目
CRM	气候风险管理
CSA	气候智慧型农业
CSIRO	澳大利亚气象局和联邦科学与工业研究组织
ENSO	厄尔尼诺-南方涛动现象
FAO	联合国粮食及农业组织
GHG	温室气体
GACSA	全球气候智慧型农业联盟
ICT	信息和通信技术
IDEAM	哥伦比亚国家气象水文部门
IFAD	国际农业发展基金
IITA	国际热带农业研究所
IPCC	政府间气候变化专门委员会
LTAC	地方农业气候技术委员会
NAP	国家适应计划
NDC	国家自主贡献
PET	聚对苯二甲酸乙二醇酯
RASFF	粮食和饲料快速预警系统
ReCAP	社区准入伙伴关系研究
SDG	可持续发展目标

SENAMHI	秘鲁国家气象水文局
SIDS	小岛屿发展中国家
SME	中小型企业
UNICEF	联合国儿童基金会
USDA	美国农业部
UV	紫外线
WFP	世界粮食计划署
WMO	世界气象组织

执行概要 | EXECUTIVE SUMMARY

众所周知，气候变化和极端天气对全球农业和农业粮食体系产生了多重威胁。降雨模式、气温、季节趋势以及愈发严重的极端天气等事件预计还会发生一系列变化，这也是造成全球粮食不安全和营养不良的主要因素，严重影响着农业粮食生产和粮食的可获得性、可及性、利用性和稳定性。本篇报告采用了一种新颖的研究方法，系统化地阐述了以下三者之间的联系：气候风险、农业粮食价值链的重要环节以及气候服务提升农业粮食体系韧性的潜力。

农业粮食价值链涵盖四大核心功能：农产品的生产、聚合、加工和分配。农业粮食价值链的关键阶段包括生产和收获、储存和冷藏、加工和包装、市场、交易和消费，而运输则作为重要一环贯穿整个过程。气候风险影响价值链的各个阶段，扰乱各环节的正常活动、影响参与者及其生计，加剧粮食的损失和浪费，造成粮食安全问题的进一步恶化。气候风险及其影响会因目标商品种类、地理位置，以及当地社会经济脆弱性和系统适应能力的不同而存在差异。

本报告对影响农业粮食价值链的主要气候风险进行了初步分析，并探讨了气候服务的可能性，这些服务能够覆盖（如上所述）从农产品生产到分配所有阶段的相关利益方。

本报告强调了气候服务在提升气候韧性方面的作用，即气候服务作为众多潜在的投资选项之一，可用于加强农业粮食价值链的气候风险管理（CRM）。因此，本报告的最终成果和影响将面向多个利益相关者，包括政策制定者、气候相关金融部门、国际发展组织以及私营部门。同时，报告也呼吁学术研究者进一步研究该主题，并鼓励国家和国际基金投资于项目的设计和开发，以支持全球农业粮食价值链的气候适应性建设。

气候服务是什么？

气候服务能够为特定的人群提供信息，帮助他们及时作出基于气候和天气状况的决策。气候服务还能够增强农产品生产者和价值链参与者的韧性，以应对威胁农业粮食体系的气候变化。气候服务也提供了机会，促使气候风险管理能够有效且全面地融入农业粮食价值链的各个阶段，从而更加可持续和高效地应对不断变化的气候条件。总之，气候服务使价值链参与者能够依据历史、当前和未来的气候及天气影响来制定短期和长期决策，并根据具体的环境、社会和经济条件完善基础设施、技术和实践，使其具备更强的气候韧性。

本报告将从以下两个主要角度探讨气候服务：

▶ **为农业粮食价值链各具体环节量身定制的气候服务**：实时天气信息，包括用于防灾减灾的早期预警系统；中长期天气预报，为农业生产和收获提供农业气象建议以及短期干预措施；季节性天气预报，用于农业规划和决策，并提供关于自然资源（包括水、土地、可再生能源）的供应信息，适用于投入品供应、粮食储存和加工，以及制定长期基础设施干预措施。

▶ **为农业粮食价值链提供的跨领域气候服务**：评估气候风险，制定具有气候韧性的商业战略；进行气候适应性改造，应对收获后阶段的气候变化、完善运输基础设施以及制定适应气候变化的大规模性政策战略；评估社会经济脆弱性及相关基础设施（包括建筑、道路、信息和通信技术的可用性和可及性）；评估推广服务及价值链参与者有效利用气候信息并将其纳入决策策略的能力；结合气候和天气信息的金融服务，用于对抗极端天气事件的保险，并提高采用气候服务方案的参与者获得资金的机会；提供技术支持和咨询服务，旨在加强能力建设，增强降低和管控气候风险与灾害风险的意识。提供培训和教育课程，指导如何获取和利用气候信息服务、工具和平台，以及如何开展气候韧性实践。

气候服务如何优化农业粮食价值链?

气候风险对实现可持续发展目标（SDGs）构成了威胁。为了应对这一挑战，气候服务在减轻风险和可持续利用资源方面发挥了关键作用。本报告对气候服务展开评估：作为一种总体方法，气候服务通过开展兼顾气候变化影响和潜在风险的实践，旨在提升整个链条的表现，并提升农业粮食价值链和农业粮食体系的可持续性和气候韧性。发展气候服务具有巨大潜力，通过支持价值链增值，来减少粮食损失和浪费，提高农民和企业的收入，并增加国民收入。气候服务通过提供系统化的获取渠道，支持价值链参与者使用针对价值链活动量身定制的气候和天气信息，帮助他们提高决策能力，以应对气候和社会经济风险（包括价格波动和气候引发的健康危机），从而通过投资适应行动，增强韧性并促进发展。

在农业粮食价值链中开展气候服务具有广泛的应用，涵盖了从农业到能源和水资源利用、健康与安全以及减轻灾害风险等多个领域。这一跨部门的方法凸显了协作在增强农产品系统韧性方面的重要性。因此，有必要强调一下具有气候韧性的农业粮食价值链是如何助力于适应并减缓气候变化。这需要采用长期可持续的综合气候适应性措施，以尽量减少对环境的影响。相互关联的实践使自然资源和人力资源的管理更加高效，同时监测气候、气象、水文和环境因素，这些因素会在供应链早期阶段导致粮食损失，并在分配和消费阶段引发粮食浪费。

全球范围内，小规模生产者和价值链参与者对这些服务的获取有限，或者对不同阶段的各方参与者之间缺乏协调。虽然气候服务通常分门别类地应用于农业、能源、卫生、减灾和交通领域，但它们之间往往缺乏协调，或未能对价值链的具体环节提供精准的服务。全面实施气候服务、开展协调沟通仍存在显著差距，但同时也为农业粮食价值链扩大投资提供了机会。

发展农产品气候服务面临的障碍：

整个价值链中，气候服务的发展面临许多障碍，其中包括：

▶**获得可靠数据的迫切性。**发展中国家由于对数据收集、存储和传播设备的投资有限，始终无法做到及时、可靠地提供适合用户需求和符合社会经济特征的气候信息和天气预报信息。

▶**技术水平和创新能力受限。**特别是发展中国家和农村地区，难以公平获取能源、信息和通信技术和互联网资源。边缘化群体、弱势群体或处境不利的群体之间往往存在更大的技术差距和资源获取不平等。

▶**农业粮食价值链的异质性。**价值链会因生产类型、地理区域、气候带以及相关国家的政治和经济发展情况的不同而有所差异。针对不同且复杂的社会生态系统，制定统一的评估策略面临诸多挑战，同时还需根据农产品价值链的环境、社会和经济背景进行量身定制，特别是要深入理解气候灾害、暴露、脆弱性和适应能力。

▶**沟通不足和能力建设缺乏。**价值链各方之间沟通困难，以及公共机构缺乏领导力，是构建气候韧性农业粮食价值链的主要障碍。这些挑战制约了合作机会，尤其是在以下方面：利用基于气候和天气的信息和通信技术提升小规模价值链参与者的能力；促进纵向和横向的网络建设及信息共享；增强公私合作伙伴关系；以及推动参与式气候风险管理。

▶**缺乏投资。**尽管考虑到当前气候变化趋势和未来气候情景，公共部门和私营部门对适应气候变化的投资至关重要且异常紧迫，但与减缓气候变化的投资相比，这些投资仍然不足。此外，气候评估和工具方法往往侧重于对产量和生产的影响，这些评估和方法能够为气候适应融资提供合理依据。此外，还需要对影响农产品价值链的气候风险有更全面的了解，不仅限于生产阶段，还要掌握评估这些影响的方法，以提升对相关项目（即专门关注收获后农业价值链的项目和干预措施）的鉴别和资金支持。

▶**政策支持有限。**支持适应气候变化项目的公共部门和私人融资计划缺乏一致性，特别是针对农业粮食价值链收获后这一环节的融资策略。这一主要挑战在各国的国家自主贡献（NDCs）中尚未得到系统性解决。

政策建议和投资机会

气候服务可以增强农业粮食价值链各环节的气候韧性，本报告着重强调了发展气候服务并将其视为关键投资机遇的重要性。为此，本报告展示了若干关键投资机会，并在重要领域提出了一系列政策建议，我们在此进行了总结。

▶**识别农业粮食价值链中的气候风险，并在国家自主贡献和国家适应计划（NAPs）中充分发挥气候服务的潜力，寻找应对方案。**气候服务必须纳入国家自主贡献，并从中延伸到地方政策策略和气候适应行动计划中。必须强调私营部门的作用，从中小型企业（SMEs）到各类企业和投资基金，支持气候韧性战略的实施，并展现其中的潜在利益。将气候服务框架主流化，从气候和天气信息的生成到为不同用户提供定制化服务，这将有助于增强价值链各环节之间的合作与知识转移。

▶**扩大公平获取信息和通信工具的机会。**投资建设大型网络系统，推动信息和信息系统的数字化（这些信息和信息系统由价值链参与者使用），支持移动网络的系统化，并促进相关信息和通信技术的扩大应用。支持在有需要的地区建设气候适应性基础设施，包括能源和电力供应，同时推动技术和互联网设施的发展，以便价值链参与者能够有效获取、使用和共享气候信息。

▶**提升价值链参与者使用气候服务和通信工具的能力。**需要对服务推广者、投入供应商、私营部门及其他相关方开展能力建设和技术援助，以便他们能够系统地、以经济高效的方式为农产品价值链中的各个参与者定制和传递气候服务。还需要为用户提供参与式培训和技术支持，以使他们能够有效利用所获得的信息和服务。

▶**将气候风险评估（CRA）纳入农产品价值链的项目设计和商业计划中。**通过增加对气候变化适应技术和基础设施的投资，气候服务应增强农民和其他参与者的灾害风险防范能力，并减少粮食损失和浪费。这包括加强早期预警系统、提供天气信息层面的农业咨询服务、建设适当的粮食储存设施，以预防或减少农业粮食价值链各阶段因极端天气事件造成的损失。这些措施必须与适应气候变化长期规划相结合，并加强技术和基础设施的投资，以确保价值链各环节都具备气候适应能力。

▶**加强社会保障体系建设，建立气候韧性认证机制，以突出投资回报。**这项投资的回报主要来自两个方面：一是避免灾难修复和灾后恢复所需的高昂成本；二是获得更多贸易机会——尤其是在发展中国家，其应急适应能力与高收入国家相比存在较大差距。为了提升农业粮食价值链的气候韧性，并带来环境、经济和社会效益，气候服务应与基于气候信息的金融服务、投入供应、针对特定价值链定制的保险计划以及气候驱动的市场信息相辅相成。

▶**将气候变化讨论（包括气候服务）纳入可持续农业粮食价值链相关论坛的主流议题，**从而加强与研发机构、农业技术推广服务机构以及金融服务供应商的合作，同时分享有关气候韧性实践和技术的信息与知识。为价值链各环节量身定制气候服务并促进其发展，将有助于加强公共机构与私营部门之间的联系，加强信息共享、加大投资与支持力度、加强能力建设、完善治理和参与式管理方法，从而克服主要集中于特定行业的小规模干预和实践中的适应不良现象。

本报告呈现了关于农业粮食价值链气候服务发展的重要原始信息和建议，旨在系统性地提升可持续性和增强韧性。本报告还为该领域的进一步研究和投资奠定了基础，其调研结果可能会引发后续的研究以及对公共和私营部门的投资。

CONTENTS |目 录|

1 引　言

© 粮农组织/Luis Tato

气候变化和极端天气对全球农业和农业粮食体系构成了无数威胁（Mbow 等，2019；联合国政府间气候变化专门委员会，2022）。降水模式、气温、季节性趋势预计会出现一系列变化，加之更加极端的天气事件——这些广泛被认为是粮食不安全的主要驱动因素，而这些变化已经影响到粮食产品的可获得性、可及性、利用性和稳定性（《世界粮食安全和营养状况》，2018）。

农业气候韧性战略和气候变化风险评估通常侧重于生产、粮食和经济损失。然而，整个农业粮食价值链的各阶段都遭受到气候影响及其带来的损失，从小农户到农业企业，再到消费者和政府，均受到波及。粮食可获得性和可及性的降低、粮食质量的下降、粮食安全的保障不足、供人体消耗的营养摄入减少，以及粮食价格的不稳定，这些因素进一步加剧了对农业粮食体系和粮食安全的负面影响（Fanzo 等，2018；粮农组织、国际农业发展基金、联合国儿童

1

基金会、世界粮食计划署和世界卫生组织，2021；Hansen 等，2019）。

农业粮食体系在能源消耗和自然资源使用中占据重要份额，对环境产生了重大影响，占全球温室气体（GHG）排放总量的 31%（粮农组织，2021a）。发达国家对生产前和生产后两个阶段温室气体的排放负主要责任，例如农业投入品的制造和使用、农产品的加工运输和消费。在最不发达国家（LDCs），温室气体的排放主要集中在生产阶段和土地利用的变化过程中（粮农组织，2021a）。气候风险在农业粮食价值链的各个环节中显而易见，参与者多依赖于生产、收获、储存、加工、运输、市场交易和粮食消费，而气候风险干扰了上述活动，影响了生计，并加剧了农业粮食的损失和浪费，造成粮食不安全和营养不良。气候变化造成的影响因地而异，主要取决于当地、所在区域和国家的气候、环境特征和社会经济背景。因此，气候风险评估和管理策略必须充分考虑农业粮食体系的各个组成部分及其相互关联，以确保取得全面的效果，这一点极其重要。

小规模生产者是保障粮食安全和推动农村经济发展的中坚力量，但他们也最容易受到气候变化的冲击。由于社会经济壁垒、基础设施效率低下和专业技术知识匮乏等多重原因，这些群体不仅承受着最严峻的物理暴露风险，适应能力也处于最底层。由于对问题的理解不到位和适应不良，加之适宜的咨询服务和推广支持有限或根本无法获得，导致这些影响不断加剧。气候服务助力农民和整个农业粮食价值链中的决策者们采取气候智慧型和有韧性的干预措施，以预防或减少对农业和粮食生产的干扰（Puri，2014）。

对于如何提升农产品附加值，农民、收购商和贸易商往往知之甚少，这往往导致整个价值链环节数量和质量层面粮食的损失和浪费，生产者收入降低，并对粮食安全构成威胁。价值链参与者之间缺乏协调、合作、指导和互动，加剧了现有挑战，也削弱了提升价值链气候韧性的机会。此外，这还导致终端消费者购买气候智慧型和有韧性的农产品时难以确定优先级，从而潜在破坏了具备气候韧性的农业粮食价值链的盈利能力。政府间气候变化专门委员会（IPCC）第五次评估报告（AR5）曾指出（Porter 等，2014；政府间气候变化专门委员会，2014），气候风险管理的有效措施和政策实施的主要障碍体现在对农业粮食价值链（特别是供应体系）的投资有限。2018 年，所有的气候融资中只有 5% 用于适应气候变化的措施（世界气象组织，2020）。由于温室气体排放的可量化以及社会对全球气候变化影响的实际体验，因此对减缓气候变化的投资在气候智慧型和可持续农业粮食价值链领域得到了显著支持和一致认可。相比之下，适应气候变化（特别是价值链收获后环节）则需要多部门在特定情境下开展合作。

该框架构想了气候服务在农业、能源、水资源利用、健康与安全以及减轻灾害风险等跨领域的应用，并强调了相互协调的重要性，以确保社会生态系统的韧性（世界气象组织，2017）。因此，本报告旨在突出气候服务在农业粮食价值链各环节的发展机遇，并强调价值链本身（从农业粮食生产到分销阶段）与跨领域（如能源、资源利用、健康与粮食安全以及减轻灾害风险等）之间的潜在联系。正如各国在其国家自主贡献（NDCs）和国家适应计划（NAPs）中所述，这将支持各国优先增强农业粮食体系的气候韧性（Wieben，2019）。

需要采取综合措施来应对当前的挑战，即充分利用气候服务（如早期天气预警），并采取行动适应气候变化，来预防和减少整个价值链的损失。这种综合举措有利于政策制定者和决策者们更好地协调自身活动和伙伴关系，从而更有效地发挥气候服务的协同作用。将农业粮食价值链视作一个独立且协调的整体系统，而非一系列孤立的步骤和环节，这有利于增强农业粮食价值链的气候适应能力。本报告的发现强调了以下活动的迫切性：加大对气候风险识别的研究和投资，同时增加在价值链每个环节实施气候服务的机会。这应当还会促进技术和适应性治理路径的发展，提升农业系统应对气候变化的韧性。

本报告旨在识别：

- 在农业粮食价值链框架下，对气候风险、气候服务和气候韧性进行定义；
- 农业粮食价值链中的主要气候风险及其影响；
- 在价值链各环节中挖掘气候服务的潜力；
- 针对全球不同地区和国家的特定粮食商品及农业粮食价值链的气候服务和气候韧性实践开展案例研究；
- 在农业粮食价值链中实施气候服务和气候韧性措施面临的障碍；
- 为进一步增强农业粮食价值链气候适应性而发展气候服务的政策建议和投资机遇。

本报告汇编了农业粮食价值链气候服务发展的主要信息和结论，旨在增加机遇，促进可持续发展、增强气候韧性。其发现成果可能还会激发未来出版物的研究兴趣，并吸引公共部门和私人进行投资，例如：强化青年和妇女群体与气候服务应用之间的互动机制，或构建气候服务与农业粮食价值链可持续能源发展的协同体系。

农业粮食价值链气候服务框架

根据农业粮食价值链具体环节量身定制的气候服务

▶实时天气信息，包括用于防灾减灾的早期预警系统。

▶提供中长期天气预报，为农业生产和短期干预提供（基于天气信息的）农业建议。

▶提供季节性天气预报以支持规划和决策，同时提供自然资源（包括水、土地、可再生能源）可用性的信息，以支持投入供应、粮食储存和加工，以及长期基础设施建设。

农业粮食价值链的跨领域气候服务

▶开展气候预测和风险评估，用于制定具有气候韧性的长期商业战略，增强收获后阶段和交通设施的气候适应性。

▶开展气候风险评估，用于制定重大政策，包括评估社会经济脆弱性、基础设施状况、建筑和道路建设、信息和通信技术的可用性及可及性，以及推广服务能力和价值链参与者有效利用气候信息并将其纳入决策的能力。

▶结合气候和天气信息提供金融服务，为极端天气事件提供保险，旨在增加参与者在灾害发生前后获得信贷的机会，以便更快地适应灾害并从灾害中恢复。

▶提供技术和咨询服务，加强能力建设，提高利益相关者对如何减少和管理粮食供应链中的气候风险和灾害风险的认识，包括提供培训和教育课程，帮助他们获取和使用现有的气候信息服务、工具和平台，并掌握确保农产品（如储存、预处理和包装）长效保鲜的最佳实践。

识别气候服务在农业粮食价值链中的目标用户

▶气候服务面向农业粮食价值链中的所有参与者和利益相关者：投入品供应商；粮食生产者（农民、农业合作社）；参与粮食储存、冷藏、加工、包装、运输和物流的个人和企业（中小企业、跨国公司）；贸易商和零售商；消费者；服务推广者以及政策制定者（国家和地方政府）。

© 粮农组织/Luis Tato

量身定制气候信息，满足特定用户的需求

▶根据用户获取信息的能力量身定制沟通方式：用户可使用简单（或相对复杂）、经济实惠的沟通渠道、工具和平台来获取信息，例如智能手机应用程序、网站、电子邮件或短信，这些服务由公共或私人金融服务机构提供和支持运行，旨在促进特定地理区域内农业系统良好实践和经验的交流（图 1-1）。

开展气候服务的预期成果

▶提供数字化通信工具与技术，并开展气候气象信息服务，有望为农业粮食价值链各环节（如政策制定者、私营部门、服务推广机构以及地方政府和国家政府）的决策提供支持，并能在多层次治理、参与式管理实践及协作网络建设方面发挥促进作用。

最终成果：气候服务与可持续发展目标（图 1-2）

通过提升价值链参与者应对气候灾害的能力，气候服务可以提高家庭农业生产力，改进设备提升农产品附加值，并增加拓展国内和国际市场的机会（**目标 1**）。通过助力参与者根据气候信息做出决策，预防因气候风险造成的粮食损失和资源浪费，气候服务可以提高粮食安全，同时改善利益相关者的营养和健康状况（**目标 2、3、12**）。上述目标可通过以下方式来实现：对所有参与者开展能力建设，确保公平获取气候信息和通信技术，并确保二者能够一以贯之地应用在价值链各个环节（**目标 4、5、10**）。开展气候信息服务和农业咨询服务有利于支持水源、作物和病虫害综合管理实践（该实践立足于所在区域气候、气象和水文条件量身定制），预防、减缓洪水和干旱风险，同时促进可持续能源和自然资源的获取与高效利用（**目标 6 和 7**）。因此，气候服务能够在收获后阶段增强农业设备和基础设施的气候适应能力（**目标 9**），并提高农业生产和供应链应对气候和灾害风险的韧性，同时产生适应和减缓气候变化的双重效益（**目标 13**）。因此，可以减少因气候因素导致的粮食损失和资源浪费（**目标 12**），最终助力于保护、恢复并促进自然生态系统的可持续利用（**目标 14 和 15**）。

总体而言，全面系统采用气候服务将有助于在城乡农业粮食体系的价值链中推广气候和灾害风险管理策略，提升农业家庭收入，促进国家经济增长，最终惠及公共和私营部门的各类利益相关者（**目标 8 和 11**）。通过加强沟通、创造机会促进协作，推动公共和私营部门在气候韧性方面建立合作伙伴关系，可进一步推动气候韧性措施的落地实施（**目标 16 和 17**）。

贯穿农业粮食价值链的信息与通信工具

移动应用程序 引导农民充分利用气候和市场信息、参与农业粮食价值链的增值环节	短信服务（SMS） 发送气候和天气信息，提供农业指导与咨询服务	数字平台与大数据分析 加大投入以增强气候韧性、提升服务供给，连接农业粮食价值链参与者，拓展市场机遇	区块链技术 提高产品和交易的可追溯性与透明度，充分利用气候风险保险和天气风险保险	物联网 高效利用资源、监测温度和湿度	基于气候的数字合约与信用 确保气候风险管理干预措施和相关利益的透明性与公平性

针对农业粮食价值链各环节，量身定制信息与通信工具

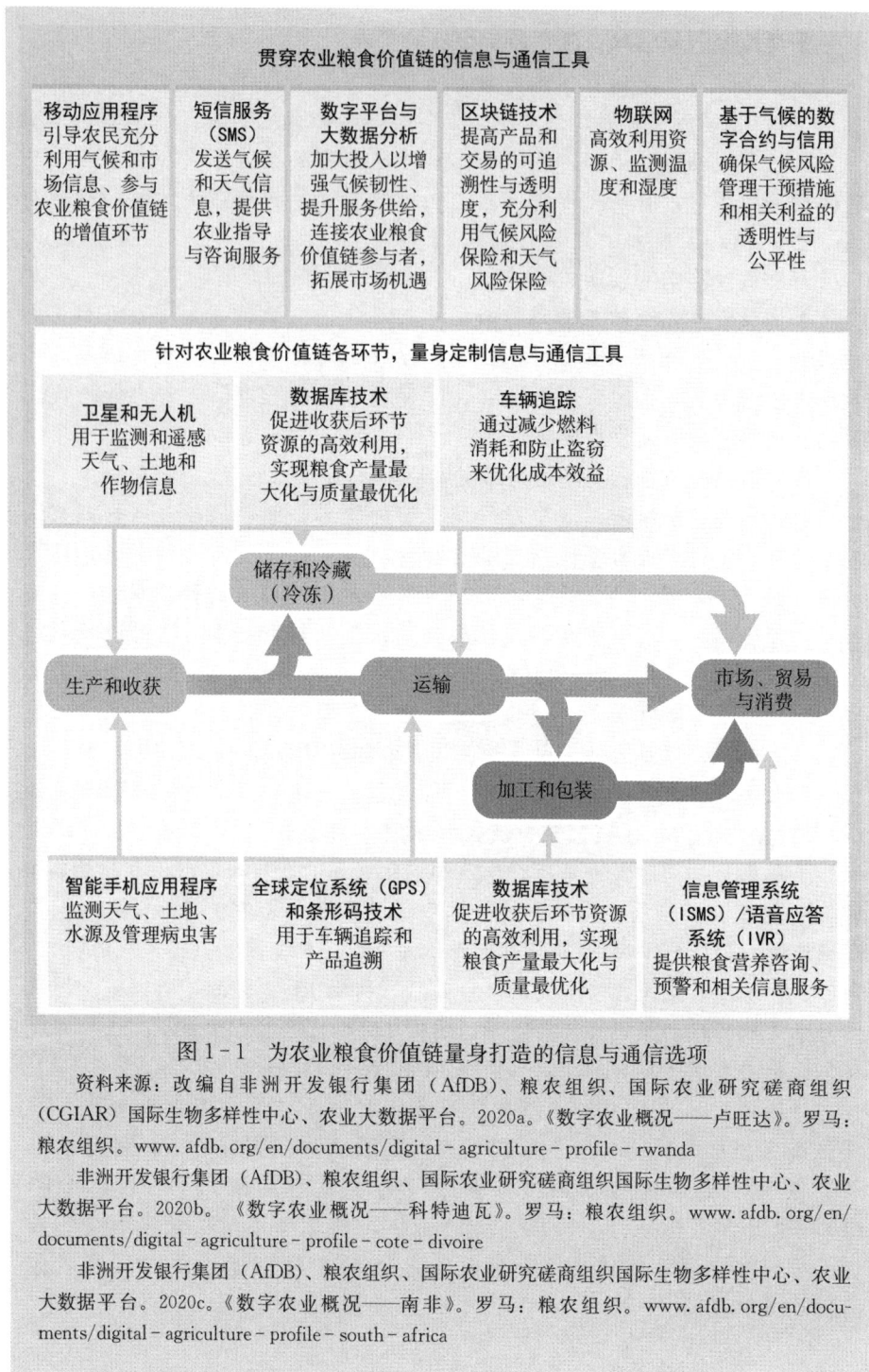

图 1-1 为农业粮食价值链量身打造的信息与通信选项

资料来源：改编自非洲开发银行集团（AfDB）、粮农组织、国际农业研究磋商组织（CGIAR）国际生物多样性中心、农业大数据平台。2020a。《数字农业概况——卢旺达》。罗马：粮农组织。www. afdb. org/en/documents/digital - agriculture - profile - rwanda

非洲开发银行集团（AfDB）、粮农组织、国际农业研究磋商组织国际生物多样性中心、农业大数据平台。2020b。《数字农业概况——科特迪瓦》。罗马：粮农组织。www. afdb. org/en/documents/digital - agriculture - profile - cote - divoire

非洲开发银行集团（AfDB）、粮农组织、国际农业研究磋商组织国际生物多样性中心、农业大数据平台。2020c。《数字农业概况——南非》。罗马：粮农组织。www. afdb. org/en/documents/digital - agriculture - profile - south - africa

图 1-2　针对农业粮食价值链开展的气候服务与可持续发展目标

资料来源：改编自粮农组织。2019a。《气候智慧型农业与可持续发展目标：联系、协同效应与权衡的建立及综合实施指南》。罗马。www.fao.org/3/ca6043en/CA6043EN.pdf

7

2 气候智慧型韧性农业粮食
价值链概念框架

© 粮农组织/Farshad Usyan

2.1 农业粮食体系

农业粮食体系具有复杂的社会和生态互动特征，涉及从（农业、林业、畜牧业和渔业系统）生产到产品消费过程中众多的参与者和利益相关者。粮食安全的所有支柱，包括粮食供应、获取、利用和稳定性，都受到气候系统、社会经济因素以及从地方到国家和国际层面自然资源可用性的影响。因此，采取减缓和适应气候变化的措施对于减少温室气体排放、建立更能应对和抵御气候变化对农业粮食体系影响的生计至关重要（Mbow 等，2019；联合国政府间气候变化专门委员会，2022）。

2.2 农业粮食价值链

在农业语境下，农业粮食价值链可以定义为一系列将农产品从生产环节带到最终消费的主体和活动，且各环节都有价值增加（Wieben，2019）。农业粮食价值链具有四个核心功能：生产（生产和收获）、收储（储存和冷藏）、加工（加工和包装）和分配（市场、贸易和消费），而运输贯穿整个链条，且各环节都涉及相互关联的参与者（粮农组织，2014）。图2-1概述了农业粮食价值链的部分关键环节（从收获到市场交易）。

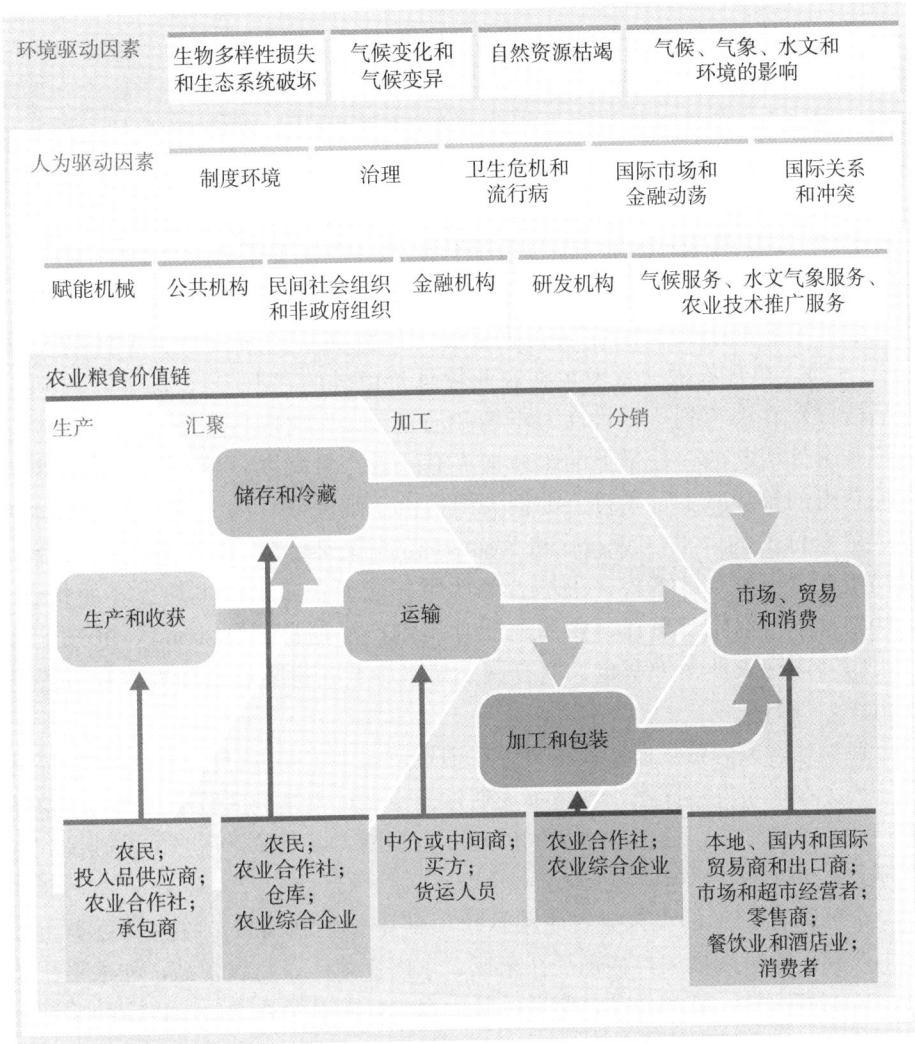

图2-1 嵌入环境、社会和经济系统的农业粮食价值链关键步骤
资料来源：改编自Puri（2014）；粮农组织（2014）；粮农组织和联合国开发计划署（2020）。

价值链因社会和经济背景中的人为驱动因素以及地理和气候特征的不同而显著不同。价值链方法基于现行的治理体系，因此依赖于生产者（农民）与非生产者（投入品供应商、中介、加工者、运输者和市场交易者）、延伸价值链的参与者（金融和非金融服务提供者）、最终消费者以及废物处理者之间的相互联系和互动（粮农组织，2014）。价值链的所有阶段都对粮食的供应、获取、利用和稳定有所贡献，并受到社会、经济和环境因素的影响，这些因素可能会削弱稳定、安全、高质量农产品的交付。"价值"这一概念是理解农业粮食生产链、供应链上各阶段参与者需求、活动间相互依存关系的关键所在。受多种变量影响，这种相互依存关系可能削弱或提升产出质量。因此，想要提供健康、安全、充足和营养丰富的农业粮食产品，并增加内在的经济、社会和环境价值，就要求采用全面的纵向方法，考虑从地方到国际层面合作伙伴和利益相关者之间的私营关系和公共关系（粮农组织，2014）。

2.3 农业粮食的损失和浪费

农业粮食的损失和浪费在农业粮食价值链的不同阶段具有不同的含义（图 2-2）。粮食损失通常发生在农业粮食价值链的"上游"，即收获前和收获后阶段，在粮食到达零售商、市场和消费者阶段之前，主要是由不可预见的客观事件引起的。数量上的粮食损失意味着产量减少，导致市场和消费端所能获得的粮食减少。质量上的损失则指由于细菌或真菌污染、腐败或过熟导致营养价值的降低（Misiou 和 Koutsoumanis，2021）。与之相对，粮食浪费是指在"下游"的零售、市场、餐饮服务或消费阶段被主观丢弃的粮食，这些粮食本可以用于烹饪、食用或非食用副产品制造（Despoudi，2016；粮农组织、国际农业发展基金、联合国儿童基金会、世界粮食计划署和世界卫生组织，2019）。

在发达国家，粮食浪费往往发生在消费阶段，主要由行为疏忽和高食品标准导致。在最不发达国家，粮食损失通常发生在远未达到消费端之前的价值链上游远端关键环节，通常是由于气候和环境限制，以及缺乏适当的基础设施和管理此类风险的技术知识（Puri，2014）。

全球约有 14% 的粮食在农业粮食价值链中损失和浪费。谷物和豆类主要在生产和运输阶段损失，特别是在东亚、东南亚地区。易腐食品，如水果、蔬菜、鱼类和肉类，最容易在收获后的阶段损失，尤其是在撒哈拉以南的非洲地区（粮农组织、国际农业发展基金、联合国儿童基金会、世界粮食计划署和世界卫生组织，2020）。粮食损失和浪费的驱动因素因阶段而异，包括暴露于气候和天气灾害、缺乏足够的基础设施和设备、缺乏适当的实践知识以及经济资源匮乏等。

全球范围内，粮食损失和浪费每年带来的经济成本高达 4 000 亿美元（粮农组织，2021c），此外还伴随着资源浪费和温室气体排放的巨大环境影响，以及粮食供应减少、营养质量下降和粮食成本上升的负面社会影响。这些影响在最不发达国家尤为显著，因为对于这些国家而言，获取充足的食物和营养至关重要，并且因脆弱性和适应能力而有所差异，价值链中的相关各方和利益相关者所受影响也各不相同。可持续且高效的农业粮食体系需要在价值链的每个环节持续防范和减少粮食损失和浪费（《世界粮食安全和营养状况》，2020）。有效的干预措施和投资需采用综合方法，处理好适应和缓解气候变化的问题，在收获前和收获后阶段减少粮食损失、提高生产力，并在加工、贸易和消费阶段应对粮食浪费。

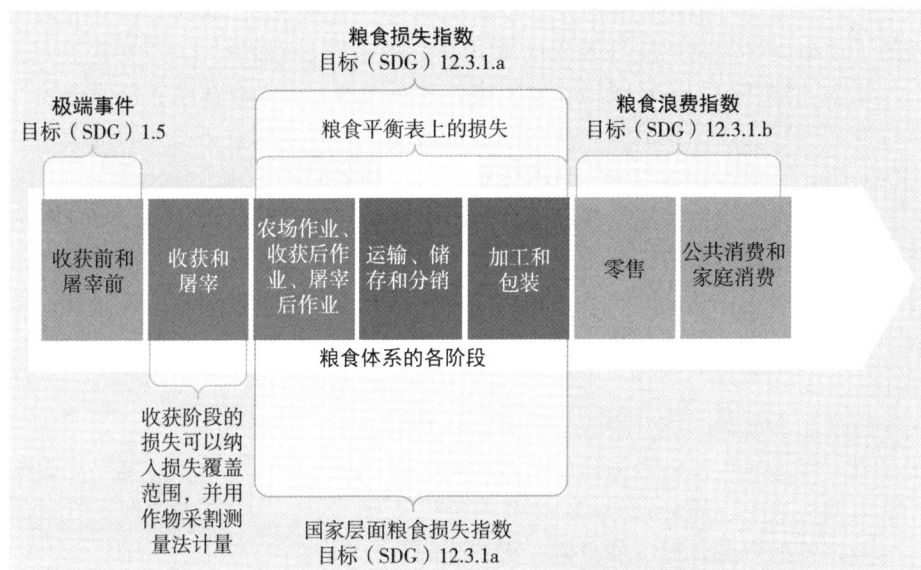

图 2－2 联合国粮食损失指数

注：1. 损失发生在收获过程中，例如谷物在收割或分类分级过程中受损的情况。

2. 损失因素已被汇编为公开数据库，可访问以下网址进行查看：www. fao. org/food － loss － and － food － waste/flw － data

资料来源：粮农组织（2019b）。

2.4　气候韧性

气候韧性是指能够应对气候灾害，并从其社会与生态影响中恢复，从而实现短期和长期环境、社会、经济目标的一种持续而强大的适应能力（Tendall 等，2015）。在农业粮食体系与价值链的背景下，气候韧性是指农业相关的社会与生态系统，即便面临从生产到消费全过程中各参与主体、自然资源及经济活动所遭受的气候风险，仍能长期保持繁荣的能力。

因此，气候韧性是指所有参与者在农业粮食价值链发展中以强有力的方式预防和应对冲击的能力，参与者了解气候风险，并能够基于掌握的信息做出明智的决策。气候韧性能够提升农业生产力和盈利能力，减少贫困，增强家庭和社区的福祉（粮农组织，2021d）。

必须承认气候韧性和可持续性之间的权衡关系和相互联系。在没有满足环境、经济和社会可持续性要求的情况下增强气候韧性，可能会导致不适应性加剧，从长远看反而增加了面对气候风险的脆弱性。例如，在发展中国家建设新的化石燃料驱动的储存和冷藏设施，可能会减少气候导致的粮食损失，但会增加维护成本和能源消耗，并恶化环境和加剧温室气体排放。因此，提升气候韧性的干预措施必须将适应气候变化和缓解气候变化同时抓好。

气候韧性必须与可持续性相辅相成。旨在改善农业粮食体系和价值链的可持续性和气候韧性干预措施，应在减少价值链参与者和利益相关者的饥饿和贫困的同时，不损害当前与未来自然资源、人力资源的可用性。

因为各农业粮食价值链涉及的社会、经济和环境条件各不相同，干预措施必须根据具体参数量身定制。气候智慧干预措施旨在为农业粮食价值链提供适应和缓解气候变化的共同收益，相关措施包括（国际农业发展基金，2015；粮农组织、国际农业发展基金、联合国儿童基金会、世界粮食计划署和世界卫生组织，2021）：

- 推行产品多元化，提升农业生产灵活性及资源适应性管理能力；
- 建设气候适应性基础设施，实施改造升级措施，并推广可再生能源（如太阳能电池板或生物质能）。
- 综合高效的资源管理（如土地、水、能源、废物）；
- 研发并向市场推出基于气候和基于天气指数的保险产品；
- 通过能力建设、参与式培训干预、信息和通信技术开发利用以及信息和知识共享实践，加强农业粮食价值链参与者和利益相关者之间的沟通与合作；
- 气候服务，即获取并利用定制化的气候信息，以支撑日常和长远的气候风险决策（粮农组织，2021e）。

2.5　气候风险

气候风险源自气候与地球物理灾害的相互作用、人类和自然灾害的长期暴露，以及目标群体或目标系统的社会经济脆弱性和适应能力（Porter 等，2014；粮农组织，2021d；政府间气候变化专门委员会，2022）（图 2-3）。

虽然气候变化风险分析通常聚焦农业部门的生产和产量，但气候相关风险及其对粮食和经济损失的影响存在于农业粮食价值链的所有阶段，从小规模农

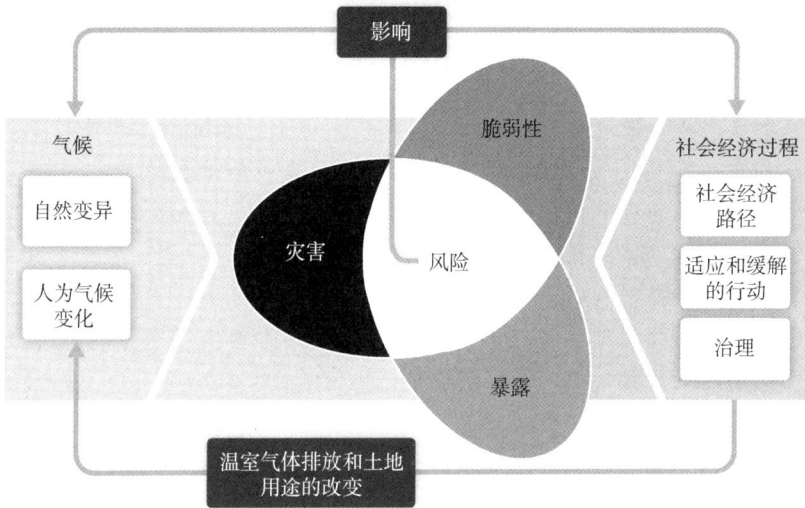

图 2 - 3　气候影响导致的风险
资料来源：政府间气候变化专门委员会（2014）。

户到农业综合企业、消费者和政府，均会对农业粮食价值链和经济发展产生影响。这些影响通过削弱粮食供给能力、可获取性、品质、稳定性及营养摄入水平，并破坏价格稳定机制，对粮食安全构成系统性威胁（Fanzo 等，2018；粮农组织、国际农业发展基金、联合国儿童基金会、世界粮食计划署和世界卫生组织，2021；Hansen 等，2019）。

因此，针对农业粮食价值链的气候风险评估将考虑全球和区域层面的不同物理、社会和经济数据（粮农组织，2021d），并结合定性咨询，以评估气候风险和气候韧性干预措施在整个链条中的应用（粮农组织和联合国开发计划署，2020）。

农业粮食部门的气候风险管理干预措施可以为气候韧性农业市场和收获后增值活动等领域的投资布局提供支撑。这些措施还能促进气候适应性农产品及副产品的商业化，使小农户和农业粮食价值链各环节主体受益，既提高了对生产资料、自然资本和气候智慧型技术的可获得性，又培育出更稳定、更高附加值的农业生产能力。

然而，面向气候风险管理的重大投资及其回报证据尚未在粮食价值链中得到主流化，特别是在考察小规模农户和最脆弱社区的融资能力，以及评估改善收获前后经济活动衔接与市场连接的好处时，这一问题尤其凸显（Hansen 等，2019）。

定 义

- 气候灾害指当前和未来对农业粮食价值链社会和生态资产产生负面影响（详见第三章）的气候（如干旱）、气象（如极端温度、大雾、风暴）、水文（如洪水或地质灾害）以及环境（如土地退化和水污染）因素。
- 人类和自然的气候风险暴露由气候区、目标区域的地理特征、人口、环境服务以及农业和其他社会经济活动决定。
- 脆弱性由目标群体的社会经济条件决定，例如健康状况差、性别不平等、贫困、粮食不安全和营养不良。在农业粮食价值链的背景下，不同参与者可能经历不同程度的脆弱性。对最脆弱群体的直接影响可能对价值链的上下游产生连锁效应，间接影响整个价值链。
- 气候风险可以通过实施气候适应和缓解策略在短期和长期内部分或完全抵消（Porter 等，2014；粮农组织和联合国开发计划署，2020）。

在农业粮食价值链中，适应能力取决于各环节主体能否通过以下方式预防或减轻气候影响：建设气候适应性基础设施、应用智能技术、推行有效实践方案，以及参与社会保障、农业保险及灾害风险分担机制。这在很大程度上依赖于公共机构和私人机构通过技术研发投资提供支持，也有赖于电力、互联网、收获后设施和社会保障措施的获取（粮农组织，2021d）。

2.6 气候智慧型农业

气候智慧型农业（CSA）是一种指导推动农业粮食体系转向绿色和气候韧性实践的方法。气候智慧型农业助力实现可持续发展目标和《巴黎协定》等国际认可的目标。气候智慧型农业聚焦三个主要目标：可持续地提高农业生产力和收入；适应气候变化并增强气候韧性；以及在可能的情况下减少或消除温室气体排放。

气候智慧型农业支持粮农组织基于"四个更好"（更好生产、更好营养、更好环境和更好生活，确保不遗漏任何人）制定的《2022—2031 年战略框架》。气候智慧型农业实践的具体内容因地制宜，取决于当地的社会经济、环境和气候变化因素。粮农组织推荐通过以下五类行动实施气候智慧型农业：扩大气候智慧型农业的证据基础；支持有利的政策框架；强化国家和地方机构；增强资金和融资选项；在田间实施气候智慧型农业实践（粮农组织，2022）。

气候智慧型农业方法可以通过在生产阶段采取行动来帮助建立坚韧的农业粮食体系，同时还可以提高农业粮食的质量和营养属性，更好应对发展中国家农村地区因技术水平低而在价值链收获后阶段常常面临的挑战（粮农组织，2022）。实现以上目标的关键气候智慧型农业实践包括：提高自然资源和农场投入品的有效使用（如燃料、能源、农药、矿物肥料）；增加或保持土壤中的碳储量（如通过保护性农业）；引入改良品种和育种；以及使农业系统更加多样化（欧洲委员会，2021）。

气候智慧型农业实践和气候服务具有互补性，最终加速实现气候韧性的农业粮食体系。例如，一方面，在生产和收获阶段，早期预警系统可以加强对极端天气事件的准备，从而优化气候智慧型农业实践效果。另一方面，气候智慧型农业实践的好处可以在收获后价值链中持续存在（例如，通过改善农产品保质期），与气候服务共同发挥作用，减少粮食损失和浪费，保证粮食安全。

2.7　气候服务

气候服务通过气候知识和信息的产出、翻译、转移和使用，支持气候信息驱动的决策制定以及气候智慧政策和规划（气候服务合作伙伴，2021）。气候服务应以全面、有意义且对用户友好的方式提供，以增强农业、水资源、能源和健康部门以及气候灾害应对的早期行动和风险管理能力（图2-4）。

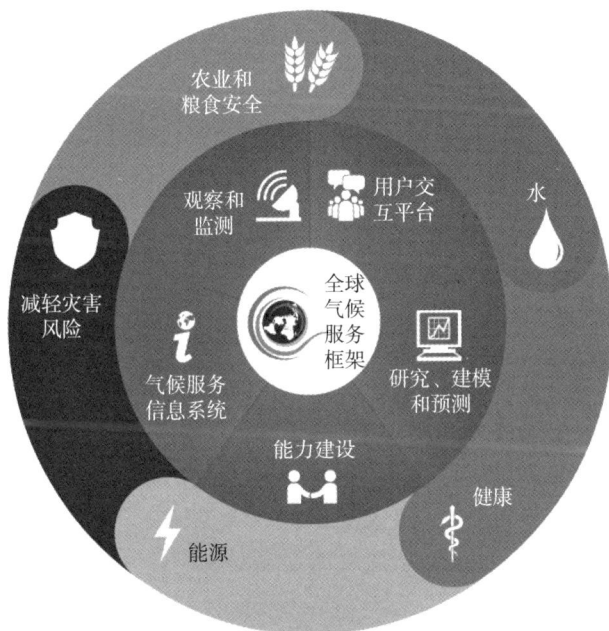

图2-4　全球气候服务框架（GFCS）

资料来源：世界气象组织（2021）。

气候服务的目标是使目标参与者能够基于可靠的证据进行决策，通过为干预措施和投资提供气候信息支撑，从中短期和长期维度支持适应和减缓气候变化（世界气象组织，2020）。

气候服务和天气服务是有机整体，需要与相关机构、利益相关者、服务对象通过有机协作共同产出定制化的咨询服务。"全球气候服务框架"（世界气象组织，2021）首先收集天气和农业信息（包括地面数据和遥感数据），然后将数据交由国际、区域和国家气象组织（如国家水文气象局）处理。根据用户获取信息传达渠道与工具（如手机应用、网站、电子邮件及短信等）的设计，需根据用户的信息获取能力，适配其技术复杂度与经济可及性。这些服务的背后还有公共和私人金融服务的支持和参与，目的是增强用户基于气候信息进行决策的能力。这些决策与本地情况和行业情况密切结合，且基于经验知识和外来知识（O'Grady 等，2020；粮农组织，2021）。

气候服务的目标是为农民等特定用户提供详细、可操作且易于访问的信息。然而，农业生产者可能分布广泛，使得气候和天气信息难以有效传递。此外，不同地区的天气情况可能存在显著差异，因此根据农民所在区域和所种作物定制化信息，才能助力农户做出实时决策。

差异化产业信息的使用对于提升不同参与者的决策能力至关重要。例如，对气候趋势和气候变异的综合分析，包括其对作物产量或储存设施影响的分析，可以帮助农民决定何时播种或是否购置太阳能板来为储存设施供电。粮农组织在其最新的《农业气候服务全球展望》中概述了一个以"最后一公里"或者说以农业用户为中心的气候服务框架（粮农组织，2021b）。

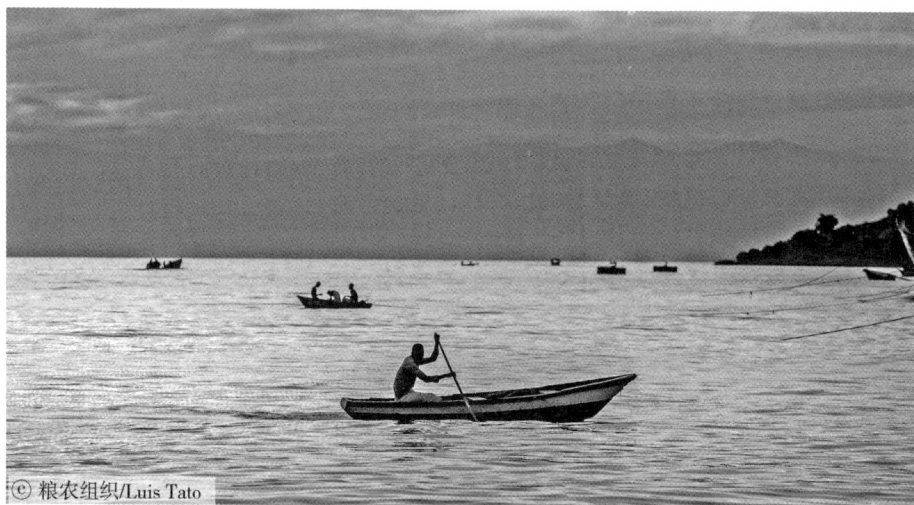

© 粮农组织/Luis Tato

3 农业粮食价值链中的气象灾害及其影响

© 粮农组织/Luis Tato

如第二章第4节所述，气候风险依据灾害、风险暴露程度、脆弱性和适应能力而定（政府间气候变化专门委员会，2015）。农业粮食价值链各个环节都会因气象灾害及其影响导致经济损失。就地理参数、粮食类商品和社会经济条件而言，农业粮食价值链多种多样。因此，根据当地情况和特定农业粮食价值链来量身定制气象灾害抵御措施时，需要根据当地数据和具体情况评估，以确定农业粮食价值链每一阶段所呈现的灾害、风险暴露程度、脆弱性和适应能力。表3-1列出了与农业粮食价值链各个环节相关的气象灾害及其影响。

农业粮食价值链的每个环节都可能受到气象灾害的影响（Davis等，2021），影响程度取决于地理区域、粮食类商品种类、社会和经济资产，以及农业粮食价值链中参与因素和基础设施的风险暴露程度和脆弱性。农民和小规模生产者往往是最脆弱的，因为他们可能缺乏适当的技术和经济手段，难以预防和适应影响生产和产量的气象灾害。然而，由于农民处于农业粮食价值链的第一阶段，对其农业生产活动的任何影响都将不可避免地影响到价值链下游的所有参与者，包括粮食的减产和质量下降。例如，如果气象灾害影响到某一特定农产品，则依赖于这种单一产品供应链的"储存、加工、运输"价值链参与者将遭受巨大的经济损失，因为这些参与者通常不具备较大灵活性来转向其他生产活动（Canevari‐Luzardo 和 Pelling，2019）。这反过来又会影响农民的收入和生计，损害整个农业粮食价值链的运作效率。

表 3 - 1 农业粮食价值链中的气象灾害及其影响

气象灾害	对农业粮食价值链各环节的影响				
	生产和收获	储存和冷藏	加工和包装	运输	市场销售
极端高温	农作物减产；农产品变质；农用塑料快速降解；营养受损；肉奶质量下降；动物生育率下降；动物死亡率增加	农产品变质；包装快速降解；营养受损；为细菌和真菌传播创造条件	农产品变质；为细菌和真菌传播创造条件	增加运输过程中的不利驾驶条件；缩短农产品储存寿命	农产品变质；难以获得安全和健康的食品；消费者需求发生变化
极端低温	损害农作物生长；农产品变质；牲畜对低温产生应激反应	农产品变质	农产品变质；能源需求增加	道路结冰；农产品变质	市场准入受阻；消费者消费偏好发生变化
农业干旱、水文干旱、社会经济干旱	农作物减产；农产品污染；干旱对动物的不利影响；为微生物生长创造条件	可利用的雨养型水资源和地下水资源减少	可利用的雨养型水资源和地下水资源减少	道路基础设施损坏	农产品价格和销售发生变化
强降雨和洪水	农产品迅速变质；收获延迟；为微生物生长和介水传染病创造条件；动物死亡率增加；农作物减产；海岸遭受侵蚀	基础设施损坏；粮食装载量减少；水污染；农产品变质；包装快速降解；农产品污染；为细菌和真菌传播创造条件	基础设施和加工包装设备损坏；干燥方法无效；成本增加；农产品变质；农产品包装快速降解；农产品污染；为细菌和真菌传播创造条件	道路堵塞；基础设施损坏；易腐农产品面临（腐烂）风险	基础设施损坏
暴风雨和强风	对开花期和结果期造成损害；土壤和海岸遭受侵蚀	基础设施损坏；农产品装载量减少	基础设施和加工包装设备损坏	驾驶条件恶劣	市场准入受阻

（续）

气象灾害	对农业粮食价值链各环节的影响				
	生产和收获	储存和冷藏	加工和包装	运输	市场销售
海平面上升、海水温度升高、盐碱化	沿海渔业和农业条件恶化；藻类和海洋生物毒素增加	基础设施损坏	基础设施损坏；农产品质量下降	沿海基础设施遭受侵蚀和损坏	农产品供应、价格和销售发生变化
山体滑坡	农作物减产；收获延迟	基础设施损坏	基础设施损坏	基础设施和运输车辆损坏	基础设施损坏
野火	农作物减产；收获延迟	基础设施损坏	基础设施损坏	基础设施损坏	基础设施损坏；农产品受损
病虫害	农作物受灾；农产品减产	农产品变质；农产品损失；农产品安全性降低	农产品变质	农产品变质和农产品供应不足	农产品的质量和安全性降低
大雾、沙尘、大雪	生产力下降；农作物减产	维持最佳温度所需的能源消耗发生变化	维持最佳温度所需的能源消耗发生变化	道路和基础设施的能见度降低	市场准入受阻
相对湿度	霉菌和霉菌毒素污染农产品	农产品因霉菌、茎腐病而受损	农产品受污染；导致干燥方法无效	增加农产品变质的风险；缩短农产品储存寿命	农产品的质量和安全性降低
紫外线辐射	增强氧化过程；维生素流失；农产品的风味和质量受损	增强氧化过程；维生素流失；农产品的风味和质量受损	增强氧化过程；维生素流失；农产品的风味和质量受损	增强氧化过程；维生素流失；农产品的风味和质量受损	农产品质量受损

资料来源：Fanzo 等（2018）；Mbow 等（2019）；Pilli－Sihvola 等（2016）；Davis 等（2021）；Misiou和 Koutsoumanis（2021）。

对气候风险进行量化，首先要确定气候危害的种类。例如，在储存阶段，如果农产品没有得到充分的冷藏或保护，酷热高温会导致产品变质。风险暴露程度与农产品储存设施的地理位置和配套基础设施的脆弱性有关。适应能力是指农产品仓储从业人员在遭遇气候灾害时，能够及时调用适宜的仓储设施和服务资源的能力。当前阶段整体风险水平将取决于特定情境下各构成要素的风险程度。

© 粮农组织/Luis Tato

　　对农业粮食价值链各个环节的气候风险进行评估，是降低脆弱性、提高适应能力、增加商业机会以及使价值链能够抵御短期气候异常和长期气候变化的关键。通过识别和评估农业粮食价值链各个环节当前和未来的潜在风险，可以对不同的气候变化应对或缓解方案进行优先排序，根据这些方案的轻重缓急确定最合适的投资。最后，必须从整体上评估农业粮食价值链的气候风险和气候抵御能力，确保各方协调一致采取行动，避免孤立地应对某一特定气候风险，也避免忽视价值链各行为主体和各类活动之间的相互依存关系。

4 农业粮食价值链中的气候服务

©Pep Bonet/NOOR

农业粮食价值链易受气象灾害影响的风险程度和脆弱性突出表明，有必要将注意力转移到学术与实证知识之间的巨大差距上，这些知识涉及在整个农业粮食价值链中使用气候服务的障碍和机遇，以及通过提高价值链各环节所有参与者和基础设施的适应能力来增强气候抗御能力的潜力（Campbell 等，2018）。

气候服务是应对农业粮食价值链气候风险的一种潜在适应性解决方案。当气候服务与依据气候制定的适应性解决方案相结合时，其有效性会随之提高。事实上，通过公布关键社会生态系统和农业体系所面临气候风险的空间和时间范围，有助于气候服务实施有针对性的适应性投资、实践和技术（政府间气候变化专门委员会，2022）。例如，通过提高自然资源和人力资源的利用率并使其适应气候条件，数字服务和技术的获取途径由此增多，这将有助于提高农业生产率和减少农村贫困。然而，关于最不发达国家技术产品和服务的可用资源或需求的信息很少，这阻碍了为通信技术用户筛选最有效的创新产品（Lonie等，2018）。农业粮食价值链既未能系统地采用由合作社性质的组织或贸易商直接提供的数据共享系统和定制化咨询服务，也未能正确使用和投资于这些服务，导致农产品收获前后这两个阶段的参与者和活动之间缺乏协调（Despoudi，2021）。此外，"赋能技术"的分布和使用并不均匀，在向全球用户提供稳定的互联网接入方面，世界各地仍存在巨大差距。

过去10年见证了根据农业部门需求调整和应用气候服务的重大进展（粮农组织，2021b）。但除了农业粮食生产外，其他方面的进展有限。气候服务也应用于农产品储存、加工、运输和市场销售的目的，但都是针对特定部门的功能单独研发。因此，在整个农业粮食价值链中协调气候服务并将其普及，可充分发挥其潜力，提高农业粮食体系的抗灾能力和可持续性（粮农组织，2017）。

不同农业粮食价值链需要对气候服务发展所面临的挑战和机遇进行实际的定制化分析（Lonie等，2018）。因此，提供可具操作性的服务，需要跨学科专业知识和当地的具体信息。不同的人口结构和农业实践会对气候服务赋予不同的价值。要使气候信息为整个农业粮食价值链中的参与者提供价值，就必须将其与其他相关数据相结合，并根据用户需求进行诠释。

© 粮农组织/Alessandro Penso

　　农业粮食价值链中的众多参与者相互依存，但他们往往缺乏合作和知识共享。农业粮食价值链中气候服务的主要目标是，通过确保关键行动者获得实时信息，支持他们作出决策，从而减少气候风险对其活动的影响，并加强协调以应对气候风险。因此，及早行动和科学决策有助于减少粮食和资源的损失与浪费，并通过向全球终端市场提供具有气候抗御能力的农业粮食产品来提高粮食的营养质量，最不发达国家的情况尤其如此。因为与发达经济体相比，这些国家实现这一目标的社会经济基础和基础设施条件较为薄弱，需要更多的投资。

　　不同时间点的各种决策需要不同的气候和天气变量信息。短期决策可能涉及在生产到收获阶段之前以及收获期间选择作物、品种或其他投入。同时，结构性干预措施，如改善耕作、储存或加工设备，则需要中长期的气候信息。因此，根据不同时间和空间尺度所提供的气候信息和农业咨询产品（图 4-1）可推动基于气候情况的科学行动，为基础设施提供气候风险评估，为短期决策提供气候服务，并为特定部门提供咨询。

　　短期而言，针对特定价值链参与者的预测和咨询有助于日常决策，以防止与气候相关的灾害或损失。长远来看，气候预测表明，有必要发展更多具有气候抗御能力的基础设施。这些预测还突出表明，需要更有效地利用可再生能源和自然资源，如水和土地。在应用于农业粮食储存、加工和包装、冷藏、运输和市场销售过程中，提升价值链参与者的适应能力并降低脆弱性。这将提升农业粮食的环境价值、社会价值和经济价值，增加生产者和非生产者的市场机会和收入。

　　根据自身需求及在价值链中的角色，不同的农业企业参与者采用不同类型的气候信息。然而，共同的要求涉及信息的准确性和可获得性。根据决策能力、与农民和可持续发展从业者的关系以及气候智慧实践的投资需求，美国国际开发署（2018a）确定了三类行为者："向小农户提供直接服务的供应商""服务供应商的合作者"和"推动者，即在全球、部门或政策层面就气候问题开展工作并较少涉及农场层面的人员"。"向小农户提供直接服务的供应商"与小农户的关系更为密切，因此需要农场层面最详细的信息，包括天气预报、农业粮食价值链受到的气候影响以及关于适应气象灾害采取合理农业实践的建议。"服务供应商的合作者"在更高层面上开展工作，与直接服务供应商联系最为密切，为更广泛的地区绘制气候地图，并通过参与式共同生产过程提供气候信息。"推动者"是指那些从更广泛的角度处理问题以定义更广泛的政策、计划和战略的行为者（美国国际开发署，2018a）。

　　因此，为不同用户提供定制化气候服务，将增加农业粮食价值链上各行为体之间的合作和知识转让机会。这将特别有利于弱势群体，支持技术和互联网设施的发展，使他们能够以适当的方式获取、使用和分享气候信息。此外，气候服务的发展将促进公共机构和私人行为者之间建立更紧密的联系，以改善信息共享、投资支持、能力建设、治理和参与式管理方法，克服主要侧重于具体部门以及小规模干预和实践的不适应情况（国际农业发展基金，2015）。

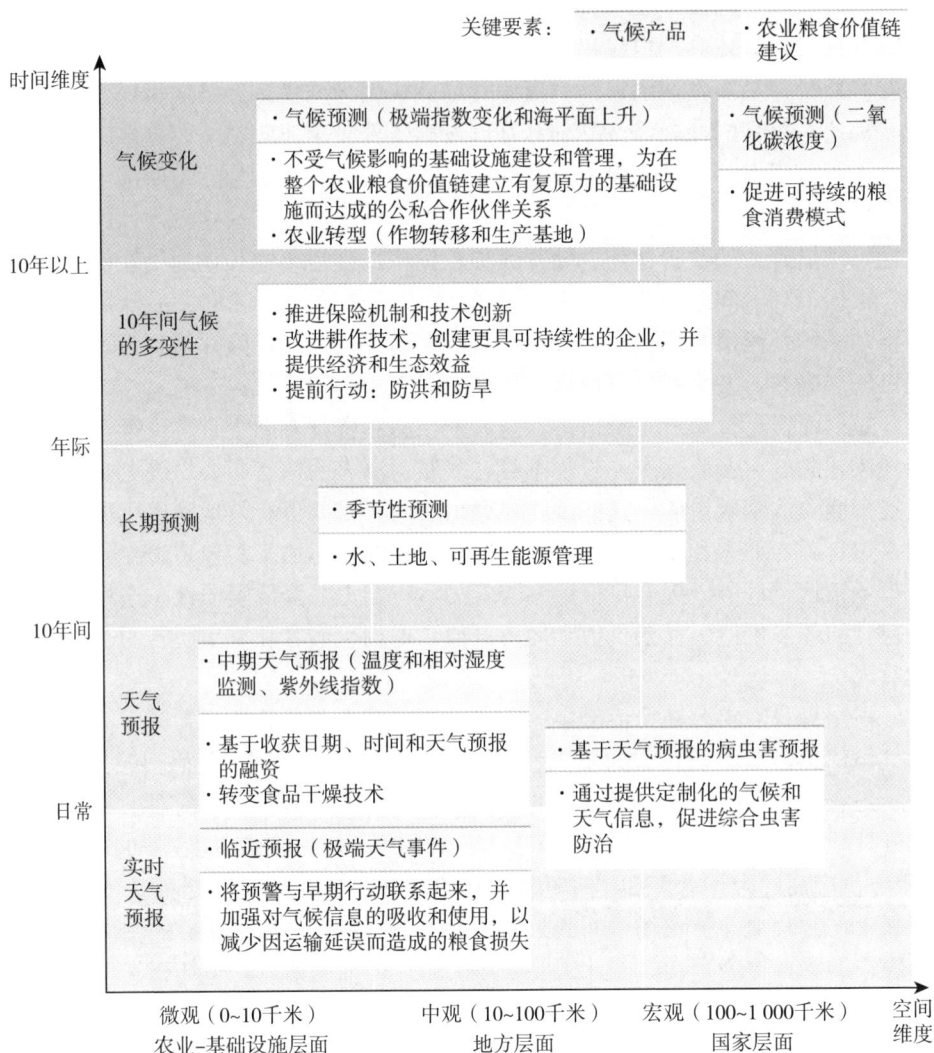

关键要素：·气候产品　·农业粮食价值链建议

时间维度		气候产品	农业粮食价值链建议
	气候变化	·气候预测（极端指数变化和海平面上升） ·不受气候影响的基础设施建设和管理，为在整个农业粮食价值链建立有复原力的基础设施而达成的公私合作伙伴关系 ·农业转型（作物转移和生产基地）	·气候预测（二氧化碳浓度） ·促进可持续的粮食消费模式
10年以上	10年间气候的多变性	·推进保险机制和技术创新 ·改进耕作技术，创建更具可持续性的企业，并提供经济和生态效益 ·提前行动：防洪和防旱	
年际	长期预测	·季节性预测 ·水、土地、可再生能源管理	
10年间	天气预报	·中期天气预报（温度和相对湿度监测、紫外线指数） ·基于收获日期、时间和天气预报的融资 ·转变食品干燥技术	·基于天气预报的病虫害预报 ·通过提供定制化的气候和天气信息，促进综合虫害防治
日常	实时天气预报	·临近预报（极端天气事件） ·将预警与早期行动联系起来，并加强对气候信息的吸收和使用，以减少因运输延误而造成的粮食损失	

微观（0~10千米）　　中观（10~100千米）　　宏观（100~1 000千米）　空间维度
农业-基础设施层面　　地方层面　　　　　　　国家层面

图 4-1　农业粮食价值链中气候产品和农业建议的时空维度

资料来源：改编自粮农组织（2021c）。

5 农业粮食价值链关键环节的气候风险与气候服务

© Pep Bonet/NOOR

　　为农业部门所提供的气候服务和基于气候问题的咨询服务，通常针对各部委或推广服务机构，并为支持农业生产而提供定制化服务。例如，对气候及其对农业体系影响的中长期预测可支持政府制定循证计划和政策。推广人员的季节性预测可以为农民提供知识，帮助他们决定种植时间和品种选择。同样，有关特定病虫害暴发可能性的警报也将有助于农民作出减少和预防作物损害的方案与决策。然而，正如第3章所述，气候风险影响的不仅仅是农业生产，而是整个农业粮食价值链。因此，需要确定特定价值链中每一环节的气候风险和潜在影响，并提供定制化的气候服务，使价值链参与者有机会提高在每一环节基于气候作出决策的能力。在价值链每个环节，分析气候和其他信息以制定建议，使价值链参与者能够根据及时预警作出决策，这种预警与其在农业粮食价值链中的作用最为相关。

因此，对气候敏感型农业粮食价值链分析的关键环节包括：

▶**详细绘制农业粮食价值链图**，分析相关粮食类商品、参与方、相关活动以及主要外部利益相关方，包括公共和私营部门的相关安排以及提供金融、社会和气候服务的协议。

▶**气候风险评估**，分析气象灾害、参与者和基础设施面临的风险、社会经济和基础设施的脆弱性以及气候适应能力。

▶**在机构层面分析气候服务发展情况**，包括目标行为者对气候和天气信息产品和服务的获取、分配、可负担性和使用情况，互联网和数字通信工具的可用性以及水文气象专家在政策和决策方面的参与。

▶**为农业粮食价值链参与者和利益相关者提供定制化建议**，加强横向和纵向公私伙伴关系，确保提供气候服务时保持协调。

通过了解气候风险，气候服务可以促进制定积极主动的预防性风险管理举措，以减少农业粮食价值链各个环节的粮食损失和浪费。图 5-1 列举了可能与农业粮食生产和收获、储存和冷藏、加工和包装、运输以及市场、贸易、消费相关的气候风险和服务的几个例子。该图简要概述了农业粮食价值链中的各个环节，以及如何将气候影响转化为必要的气候服务。接下来的章节中将进一步分析这些内容，并根据当地情况和特定价值链进行调整。

©粮农组织/Luis Tato

气象灾害	气候服务	气候适应措施
大雨和洪水	洪水预警	·存放在木质运货板上，与墙壁保持一定距离 ·可持续的结构要求和标准 ·雨水收集系统
相对湿度变化	每日相对湿度预测	·机械干燥技术 ·大小包装、容器、无菌包装 ·保存技术 ·收获后立即干燥和包装 ·信息通信技术，如温度和湿度传感器系统

气象灾害	气候服务	气候适应措施
强降水	极端降雨预警	·气候防护排水系统和基础设施 ·在外部条件不存在风险时运送 ·降低运输速度 ·有效规划运输路线 ·车内农产品储存技术
极端高温	高温预警	·冷藏车的保温技术 ·安全、高效的新鲜易腐农产品运输路线
雾、尘、雪	大雾、沙尘和降雪预警	·发光二极管（LED）面板、适当的照明和道路规划

储存和冷藏 → 生产和收获 → 运输 → 市场、贸易和消费 → 加工和包装

气象灾害	气候服务	气候适应措施
洪水和干旱	实时天气预报	·适宜的收获设备 ·针对收获方式和收获最佳农时开展培训
病虫害	病虫害预警	·抢收 ·开展卫生工作和环境卫生实践 ·即时干燥技术

气象灾害	气候服务	气候适应措施
相对湿度	每日相对湿度预测	·通风风扇系统 ·除湿机、屋顶通风机和墙壁通风口 ·蒸汽热处理或热水处理 ·用于保存农产品的板条箱 ·温度和湿度传感器等技术手段
极端高温	极端高温应对建议	·冷藏室 ·温度和湿度传感器等技术工具 ·减少存储时间

气象灾害	气候服务	气候适应措施
强降水	极端降水应对建议	·高效的雨水收集系统 ·引入信息通信技术，加强价值链参与者之间的沟通和信息共享
温度和降水模式的变化	季节性预测	·在国家和国际层面，就气候对农作物产量的影响和粮食供应的变化提供季节性建议

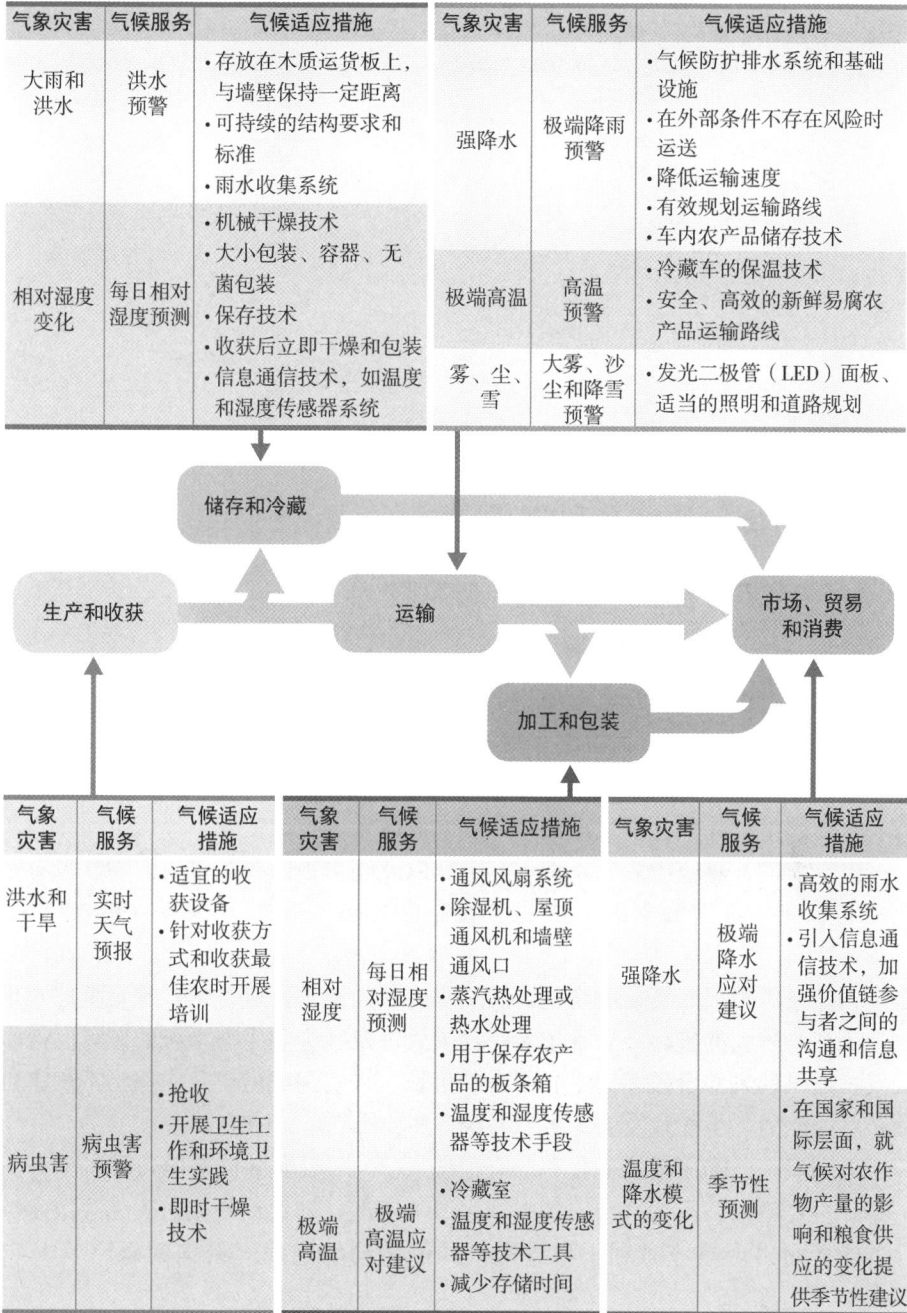

图 5-1 农业粮食价值链中气象灾害、潜在气候服务和气候适应措施的实例
资料来源：改编自粮农组织（2021e）。

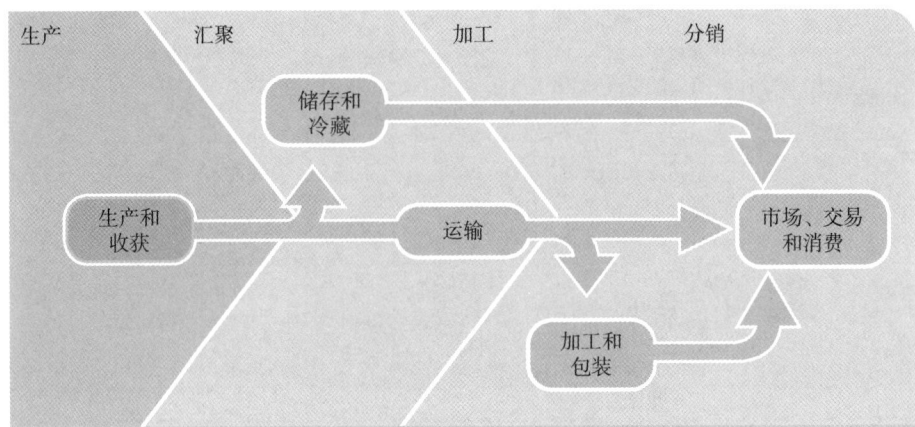

生产　　　　　汇聚　　　　　　　加工　　　　　　分销

储存和冷藏

生产和收获

运输

市场、交易和消费

加工和包装

5.1　农产品生产和收获

5.1.1　农产品生产面临的气候风险

大量文献概述了气候风险及其对农产品生产和收获的影响（Mbow 等，2019；粮农组织、国际农业发展基金、联合国儿童基金会、世界粮食计划署和世界卫生组织，2019）。简言之，气温和降水模式的变化、洪水和干旱的发生（粮农组织，2018）以及土壤质量、地下水位和淡水系统所受的影响，都会损害农作物产量、降低牲畜生产力并导致农业体系发生改变。

极端天气、热应激效应、洪水、干旱以及病虫害的传播对农作物产量有重大不利影响，对发展中国家造成的农业损失高达 60%～80%（粮农组织，2018；Yang 和 Navi，2005；Parker 和 Warmund，2011；Gramaj 等，2016）。由于气候条件和国际贸易的变化，病虫害在新的地理区域蔓延，这对全球农作物造成越来越大的破坏，导致重大粮食损失以及社会和生态系统的破坏。极端天气、强风和风暴会破坏树木和花卉的生长、果实的成型以及农作物抵御害虫和杂草的能力，从而危及农业生态系统（Marvin 等，2013）。

极端温度、降雨模式变化和二氧化碳（CO_2）浓度增加是导致牲畜生产力下降的主要原因，因为这些因素影响水源可用性，导致动物在白天无法散发储存的能量而出现热应激和干旱应激，并传播动物疾病（见案例研究 5.1.1）（Mbow 等，2019）。

林业系统受气候变化的影响，主要是病虫害的传播、极端高温和较低相对湿度引发的野火等极端天气事件，干旱等缓慢发生的气候灾害进一步加剧了不利影响。

气候对渔业的影响包括海面温度上升和鱼类集水区的转移。水产养殖基础设施和依赖水产养殖的社区往往容易受到极端天气事件（如洪水，尤其是在沿海地区）、淡水供应减少、病虫害、藻类和寄生虫传播的影响（Mbow 等，2019）。

5.1.2　农产品收获面临的气候风险

由于气候限制和极端天气事件（如强风、暴风雨和洪水）的发生，特别是在收获季节，这些因素的重叠可能会导致农作物大量减产（Orge 等，2020）。例如，若仍在田里生长的成熟稻谷被台风、暴雨或洪水打湿或浸泡，就会迅速变质，需要立即采取干预措施，避免收成和质量下降，甚至全部损失。如果没有预警和预防措施，农民就无法为这种极端天气事件做好准备。

由于农民和农业社区的高度脆弱性，难以适应农业实践的改变，缺乏相关的技术知识和经济支持来及时采取基于气候变化的行动，从而加剧了气象灾害风险（如第 2 章图 2-3 所示）。

农业生产者可能缺乏与天气影响有关的日常或季节性咨询服务，或缺乏预警系统，无法采取预见性行动，以防止在农产品生产或收获期间遭受损失。此外，收获设备短缺和气候应对实践知识不足也可能导致收获阶段的损失。

5.1.3　农产品生产和收获阶段的气候服务

气候服务必须契合具体的农业体系和管理实践，将具体的地理环境、作物特征和社会经济因素纳入考量。例如，低洼地区水稻生产者所需的气候信息类型与山区牧民所需的气候信息类型不同。与数字金融服务一样，在移动网络发达且手机用户成熟、人口受教育程度和识字率达到一定水平、对气候服务更加信任的地区，此类服务可能会更加有效（Lonie 等，2018）。此外，由于目前在获取自然和技术资源方面存在的社会经济差异，非洲女性对气候服务的使用率低于男性（政府间气候变化专门委员会，2022）（见案例研究 5.1.2）。

数字移动技术提供了以气候为依据的农业咨询平台，可促使农民和农业粮食价值链上的其他决策者将天气和价格预测结合起来，并利用这些气候信息就农作物保险计划、采用能够应对气候变化的生产实践、收获日历以及就与农业推广服务和农业投入品提供商的沟通作出决策（见案例研究 5.1.3）。因此，数字移动技术可以加强农业粮食价值链上所有参与者之间的知识和信息共享，改善价值链上与农产品储存、加工、运输、市场准入和支付相关的物流和产品可追溯性（Lonie 等，2018）。

在规划农作物季节和制定播种期、农作物品种、田间作业策略和灌溉管理计划等战略决策时，提供与农作物相关的气候信息是必要的。然而，每日和每十年的天气预报和预警系统也与农作物收获时间的决策高度相关，以防止洪水或极端高温等气候灾害的影响，这些灾害可能会难以让农民进入田地劳作或导致大量粮食变质和损失（Njuguna 等，2021）。农业气候信息还可与病虫害信息结合使用，为设法应对病虫害暴发和减少病虫害损失提供警报和建议（见案例研究 5.1.4）。

在预防或减少病虫害风险方面，抢收可能是一个很好的策略，尤其是与其他技术相结合的情况下，例如使用包装将农产品保存到成熟期。确定收获时间的一个关键气候信息是在农作物成熟阶段预测降水分布（粮农组织、国际农业发展基金、联合国儿童基金会、世界粮食计划署和世界卫生组织，2019）。了解土壤水分信息有助于确定最合适的收获日期。例如，Trnka 等（2014）指出，小麦的最佳收获期是在小于三天的收获窗口期内，即表层土壤湿度低于 85%、收获当天降雨量低于 0.05 毫米且前一天降雨量在 5 毫米或以下。在极端高温期间，高温公告和预警将为适宜的收获时间提供提示，并结合适当的方法和基础设施干预措施，有助于在收获后立即储存农产品。这可能包括根据收获时间和需求提供劳动力供应和管理的建议（Furuholt 和 Matotay，2011）。

与农产品收获有关的气候风险、服务和应对措施见表 5-1。

表 5-1　与农产品收获有关的气候风险、服务和应对措施

农业粮食价值链的各个环节	气候风险	气候服务	增强气候韧性措施
农产品收获	洪水和干旱	实时天气预报	• 使用合适的收获设备，并就收获方法和最佳时机进行培训，以尽量减少因水果掉落和农产品变质而造成的损失 • 完善预警系统，预防和减少气候对农作物产量的影响 • 建造符合可持续结构要求和标准的气候防护仓库
	极端高温	极端高温应对建议	• 使用合适的收获设备，以尽量减少因水果掉落和农产品变质而造成的损失 • 给易腐农产品套上保护膜，以确保顺利成熟 • 实施冷链和冰冷却，在收获后迅速带走新鲜果蔬的热量，减少农产品损失 • 根据当地生产情况，对农产品储存最佳温度开展培训，以更好地保存农产品 • 使用信息和通信技术，例如温度和湿度传感器，以防止农产品因高温或潮湿而损坏
	强风和大风	强风和大风应对建议	• 使用合适的收获设备，并就收获方法和最佳时机进行培训 • 完善预警系统，为暴风雨对农作物产量的影响做好准备，尽量减少因果实掉落和农产品变质而造成的损失

（续）

农业粮食价值链的各个环节	气候风险	气候服务	增强气候韧性措施
农产品收获	病虫害	病虫害预警	• 根据天气情况提供关于何时施用杀虫剂和杀菌剂的农业咨询，以避免误用和对环境造成破坏 • 进行抢收训练，并开展最佳收获时机的培训 • 保证工作环境卫生，养成清洁习惯 • 采用即时干燥技术，例如太阳晒干或加热风干，以防止病虫害的传播 • 完善预警系统，减少病虫害和鼠患对农作物产量的不利影响以及植物病原体的传播
	相对湿度变化	每日相对湿度预测	• 采用即时干燥技术，例如太阳晒干或加热风干，以减少农产品残留水分

资料来源：粮农组织（2021e）。

© 粮农组织/Sonia Nguyen

⌄⌄

🔍案例研究 5.1.1　畜牧业生产面临的气候风险

背景

畜牧业，包括肉类和奶制品生产，极易受到气候影响，如热应激、干旱、洪水、强风和极端天气事件。肉类和牛奶中的脂肪和蛋白质含量会因上述气候灾害而改变。根据 Hill 和 Wall（2014）对苏格兰奶牛的研究，温度和湿度对牛奶产量和脂肪含量的影响最大，而风速和每天日照时长则会影响牛奶蛋白质含量。此外，调节风速有助于减少奶牛的热应激。这些观察结果有助于确定气候变化对奶牛生产率的经济影响。将气候预测和天气预报同牲畜的历史和当前产量数据结合起来进行分析，有助于决策者和推广服务机构监测牲畜生产情况（Hill 和 Wall，2014）。此外，气候和天气服务还可影响人工授精最佳时机的决策（粮农组织，2013）。

农产品生产面临的气候风险实例：热应激——美国

美国农业部（USDA）正在领导美国农业领域的气候适应性研究，建立适应和减缓气候变化风险的区域中心，以协助农民适应气候变化，并与公共和私营利益相关者建立伙伴关系（美国农业部，2014）。

美国农业部对美国不同气候区（从西南部的干旱气候到东北部的温冷交替气候）的奶牛场进行了分析，以解读牛奶产量与牛的热应激条件之间的关系。

据估计，根据温度湿度指数，平均热应激每小时增加一摄氏度，最多可导致牛奶产量下降 0.38%。目前，热应激对牛奶产量的影响估计每年损失高达 12 亿美元（美国农业部，2014）。

通过对四种气候模型进行分析得出的结果，可用来预测未来由于全球变暖和热应激增加而造成的牛奶产量损失。根据美国农业部的预测，到 2030 年，如果不采取应对气候变化的措施（这可能需要采用相关技术，根据气候条件的变化调整育种品种或地点，或实施进一步的气候政策），牛奶产量将比 2010 年的牛奶产量平均减少 0.60%～1.35%，美国南部的减产将高达 2%。通过分析市场动态，到 2030 年，气候变化导致热应激增加所损失的成本可能达到每年 1.06 亿～2.69 亿美元。尽管此分析并未对这些影响进行量化，但预计到 21 世纪末，由于气温将变得更加极端，对生产率和成本的负面影响可能会进一步增加。

相关经验

美国农业部的研究指出，除了市场投入、产出价格以及政策效力等人为因素外，热应激也是牛奶生产率和经济利润损失的主要驱动因素。

与气候、天气和水文有关的定制化信息服务实例：澳大利亚畜牧业

澳大利亚气象局与推广服务机构合作，共同制作、提供和监测预报服务（Brown 和 Hawksford，2018）。虽然全球气候模型被用于制作更高层级

的气候信息，但通过采用适当的模型校准技术，澳大利亚各州气象部门使用当地知识和信息制作全国各地的预报产品，如澳大利亚数字预报数据库（http：//www.bom.gov.au/australia/meteye/）。该战略已纳入澳大利亚国家农业计划，旨在为农业部门制定和提供定制化服务，包括生产、加工、运输、贸易、市场准入以及服务提供商和研究人员等所有农业粮食价值链参与者。

许多气候、天气和水文数据服务都是为畜牧业量身定制的，例如，用于识别和预防气候和天气对动物状况的影响，主要指标包括温度、降水量、相对湿度、风速、土壤湿度和太阳辐射。这些指标用于预测牲畜的热应激和干旱应激，并据此选择合适的应对策略，如建立林牧体系、将牛群转移到气候凉爽地区或引进抗热或抗旱品种。Brown 和 Hawksford（2018）详细分析了大量复杂的数据集和信息源，包括澳大利亚气象局和澳大利亚联邦科学与工业研究组织，这些数据集和信息源可用于为畜牧业研究人员和开发人员量身定制气候服务，包括气候数据（历史观测、季节性预测、十年期预测和气候预测）、天气数据（观测和天气预报）以及水文数据（观测和季节性预测）。

© Pexels/Gilberto Olimpio

33

© 粮农组织/Luis Tato

≫

🔍 案例研究 5.1.2 为农业粮食价值链中的妇女提供气候服务

背景

在获取与农产品生产和收获相关的气候服务方面，男性和女性之间存在很大差异。根据 Fanzo 等（2018）的研究，在发展中国家，男性通常优先考虑雨季开始时的气候预报，因为他们需要准备田地和管理牲畜。而女性通常在雨季结束和干旱期需要气候信息，以便她们能够管理收获活动。然而，对气候信息优先考量的差异通常与获取信息机会的差异相吻合，这主要是由价值链上各项活动的社会经济情况所决定。事实上，最不发达国家的女性获得农业服务的机会较少，原因有很多，如缺乏交通工具、时间限制（既要处理家务，又要从事农业劳动）、教育水平较低以及缺乏相关技术。这导致在与农民、加工商和贸易商沟通和分享信息时，气候推广服务提供者更侧重于男性而非女性（Gumucio 等，2020）。

主要挑战

Gumucio 等（2020）概述了女性在农业活动中获取和使用气候服务的主要障碍，并提出了气候服务发展战略，以克服提供气候服务时存在的性别不平等现象。

总体而言，人们认为农村地区女性获得信息和通信技术的机会有限。她们根据气候和天气条件作出决策的需求和能力还受到其社会和工作地位以及相关机制网络参与度的影响。

政策建议和投资机会

女性在许多农业活动中发挥着作用，但由于全球最不发达国家在收入和技术方面存在的差距，她们在气候变化层面面临着更大的风险（政府间气候变化专门委员会，2022）。增加女性获得信息和通信技术手段的机会将会提高农业生产率，促进女性在农业领域中发挥更大的作用。这也会减少女性的劳作时间，降低风险，提高女性的决策能力和参与价值链众多增值活动的能力（粮农组织，2016）。

女性应更多地获取包容性通信网络和渠道，以便能够确定满足其所需要的信息和通信工具以及气候和天气信息和建议。需要进一步研究通信战略，通过在家庭和农村活动中使用气候服务，提高女性在气候方面的决策能力（Gumucio 等，2020）。

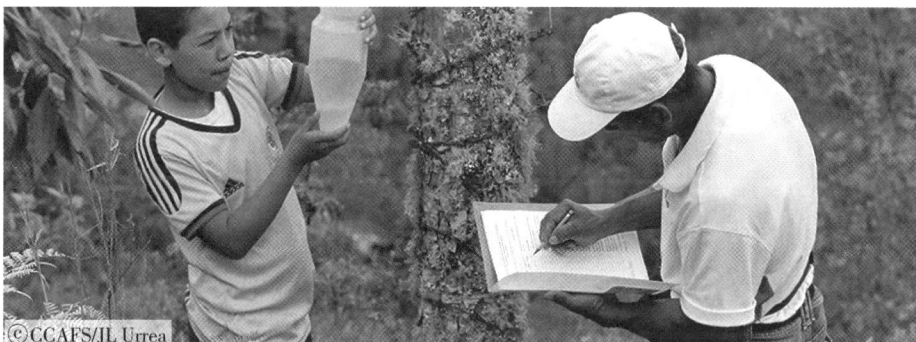

©CCAFS/JL Urrea

≫

🔍 **案例研究 5.1.3　地方农业气候技术委员会（CTAC）**
——拉丁美洲

背景

拉丁美洲的农民缺乏作出最佳决策和管理各类风险所需的信息。尤其在气候方面，农民在准备种植农作物时获得天气和气候信息的机会有限。当他们有机会获取这些信息时，却难以理解和利用这些信息并由此作出决策，以降低气候变化和多变性导致的风险。

国际生物多样性中心和国际热带农业中心（CIAT）是国际农业研究磋商组织"气候变化、农业和粮食安全研究计划"的组成部分。在哥伦比亚，国际热带农业中心正利用哥伦比亚国家气象和水文服务局提供的气候信息，就三个主要问题向稻农提供建议：①某一特定地点的农民是否应该种植水稻；②如果农民可以种植水稻，应该在什么时候种植；③根据季节性天气预报，农民应该种植哪些农作物品种。

哥伦比亚全国水稻种植者联合会、智能农业服务提供商Agronet和当地农业气候技术委员会等合作伙伴共同制作和提供的定制化气候服务，使30万农民从中受益。地方农业气候技术委员会所使用的方法是由国际热带农业中心领导的"气候变化、农业和粮食安全研究计划"于2014年共同研发的。

使用气候服务的益处

地方农业气候技术委员会在气候预测、农作物建模、气候预测信息的使用、根据农业气候预测进行农作物管理、根据最佳管理方案提出建议、编写农业气候公报、对过去的天气预报提供参与性反馈并提出建议等农业领域进行不同层次的能力建设（国际农业研究磋商组织，2020）。地方农业气候技术委员会通过不断适应气候变化的过程，支持农民改善耕作方式，使他们能够减少损失，并在某些情况下提高盈利能力。

地方农业气候技术委员会设有中央机构和地方机构。中央机构定期生成气候信息，并将其转化为有针对性的农业气候信息。地方机构将地方利益相关者（如工会、生产者组织、社区组织、地方政府、非政府组织、学术界、农业研究机构和农业类银行的代表）聚集在一起，参与讨论农业气候预测或基本科学信息，并将这些数据与观察结果同地方相关信息和知识相结合。通过这一对话过程，可以针对具体农作物和地区提出建议，整理成公报，并分发给尽可能多的农业生产者。

2014年，哥伦比亚政府在考卡省（Cauca）和科尔多瓦省（Córdoba）成立了首批两个地方农业气候技术委员会（LTAC）。试点取得成功后，政府于两年后将LTAC建设纳入国家自主贡献（NDCs）目标，计划扩建至15个，旨在覆盖一百万农业生产者。

为履行本国"国家自主贡献"，哥伦比亚农业和农村发展部于2017年与粮农组织签署了一项合作协议，以便实施"通过生成和传播农业气候信息及农业和畜牧业综合风险管理工具以加强哥伦比亚农业部门"计划（简称"PFSA"）。截至2019年5月，该计划促进地方农业气候技术委员会的扩容，多达8个，覆盖10个省、36种农作物和63.1万名农业生产者。

根据哥伦比亚的经验，设立地方农业气候技术委员会这一实践被整个拉丁美洲公认为面向农业生产者提供农业气候信息的可复制的优秀解决方案。2019年1月，在国际热带研究中心和粮农组织的支持下，哥伦比亚农业与农村发展部通过"通过生成和传播农业气候信息及农业和畜牧业综合风险管理工具以加强哥伦比亚农业部门"计划启动了拉丁美洲国家之间的南南对话。这使得秘鲁和巴拉圭能够通过各自农业部的主导，启动地方农业气候技术委员会。与此同时，国际热带研究中心在推广地方农业气候技术委员会这一实践方面取得了进展，如洪都拉斯（设立一个地方农业气候技术委员会）、尼加拉瓜（设立两个地方农业气候技术委员会）和危地马拉（设立一个地方农业气候技术委员会）。与哥伦比亚一样，在洪都拉斯，地方农业气候技术委员会在公共资源的支持下发展成为一项有效的国家政策。现在，拉丁美洲有11个国家建立了50多个地方农业气候技术委员会，以需求为导向并及时提供可靠的当地气候信息，增强了350多个公共和私营机构的气候应对能力，约25万农民从中受益，帮助他们提高了气候适应能力，也保障了粮食安全。

主要挑战

虽然设立地方农业气候技术委员会这一实践过程一般不涉及对典型农业生产过程的复杂改变，但对传统农业实践（例如农作物播种日期或轮作顺序）的任何拟定修改都可能被视为一种风险，这也是一项可能引发抵制变革的挑战。

政策建议和投资机会

为解决这些问题，设立地方农业气候技术委员会这一实践采用了两种互补策略。第一种策略是确保信息质量保持高水平，并满足农民的具体需求（如符合具体情境、具备及时性等）。此外，这些信息还必须具备实用性和可靠性（以确保农民能够理解相关建议），且来源可信。换言之，这些信息应当是通过生产者直接相关方（如农民代表、农业技术推广人员、研究人员等）共同参与的协作流程所产生的成果。第二种策略是加强农业气候素养，或增加地方农业气候技术委员会参与者的气候知识，以优化提出的建议并在成为多重变革推动者方面作出最大贡献。特别是，该项目旨在提升农业技术推广人员的专业能力，以更好地协助生产者落实相关技术建议。

©Pexels/Livier Garcia

≫

案例研究 5.1.4 咖啡价值链 "CLIMANDES" 项目——秘鲁

使用气候服务的益处

"CLIMANDES" 项目（Servicios Climáticos Parael Desarrollo，即发展背景下的气候服务）是向咖啡生产者提供气候服务的一个范例，由秘鲁和瑞士的国家气象服务机构（秘鲁国家气象和水文局、瑞士联邦气象和气候局）在世界气象组织"全球气候服务框架"下共同开发实施了该项目。这项试点研究的一些主要成果，确定了用户对气候相关信息的要求，以便向他们提供有效的、适宜的农业气象信息。农业生产者要求提供的气候服务包括降水量、干旱、洪水、霜冻和极端气温的月度和季节性预报，由天气驱动的生物因素信息，如咖啡锈病等病虫害预警以及可以触发应对病虫害行动的可预警气候服务。

据估计，咖啡行业气候服务的年均价值为每公顷 21 美元，而整个秘鲁境内的年均价值为 820 万美元（Lechthaler 和 Vinogradova，2017）。

该研究得出的结论是，农民对加强气候服务表现出极大的付费意愿，特别是如果气候服务有效（对经济产品产生直接影响）和地理分辨率高的情况下。总之，"CLIMANDES"项目强调了加强气候服务生产者和使用者之间沟通联系的重要性，以便能够有针对性地获取与农业领域相关的气候信息。这将为秘鲁的咖啡生产者带来诸多社会经济效益，从而推动增加对气候服务开发和维护的公共投资。

©粮农组织/Giuseppe Carotenuto

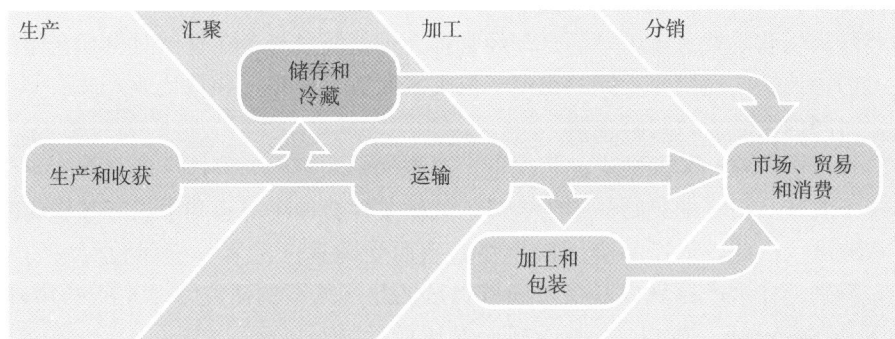

生产　　　汇聚　　　　　加工　　　　　分销

储存和冷藏

生产和收获 → 运输 → 市场、贸易和消费

加工和包装

5.2 汇聚：农产品储存和冷藏

收获后损失是导致世界粮食不安全问题的关键原因。特别是，病虫害、储存环节的高湿度、强降水和洪水事件等气候风险的影响，更加剧了收获后的粮食损失。有效的储存（从几小时到几个月时间不等）能够让供应商和消费者在更好的时机销售和消费粮食。储存环节能够帮助减少损失，从而为粮食生产者提供稳定性（粮农组织、国际农业发展基金、联合国儿童基金会、世界粮食计划署和世界卫生组织，2019）。

5.2.1 农产品储存和冷藏环节面临的气候风险

在收获和收储后，果蔬、鲜肉、奶制品、蛋类和鱼类极易腐坏，容易因为气候灾害而遭受巨大损失。气温变化、降水频率及强度会导致粮食遭受污染或病虫害，影响待售粮食的产量和品质，带来负面的经济后果（粮农组织，2022a；粮农组织、国际农业发展基金、联合国儿童基金会、世界粮食计划署和世界卫生组织，2021）。气候灾害会加剧收获后农产品的损失，特别是在气温很高的时节，易腐农产品的品质以及售出可能性都会迅速下降。从收获到储存之间的间隔每延长一小时，易腐坏农产品的贮存期就会缩短一天（机械工程师学会，2014）。在赞比亚，35％的粮食损失和近50％的蔬菜损失发生在储存阶段（Verhage等，2018）。在北非，15％～40％的马铃薯损失是由于高温环境下储存设施缺失所造成。

另外一些农产品的损失是由于储存基础设施设备维护不善所导致，这也是造成中国10％～15％的易腐坏农产品损失的原因（Bhattacharya和Fayezi，2021）。

因为小农户缺少农产品收获后的可持续储存冷藏基础设施，所以他们的适应能力较低，导致农业粮食价值链储存环节面临更大的气候风险和粮食损失。良好的收获后储存条件对于确保农产品贮存期至关重要，能保证农产品顺利抵达终端市场和消费者手中。而这却经常因为价值链参与者在仓储时机和仓储设备上的协调缺位而受阻，同时也因气候灾害而雪上加霜，导致从业人员需要在更短时间内及时有效进行决策。

在冷链设施和实践缺失的情况下，温带气候和潮湿气候地区的高湿度条件增加了农产品损害的风险，因为这样的气候条件会加快霉菌和水果茎基腐病的扩散速度。因此，农产品会因微生物繁殖而受到真菌毒素、细菌和疾病的污染，特别是在水产领域以及受洪区域更是如此（见案例研究5.2.1）（Misiou和Koutsoumanis，2021；Mbow等，2019）。

极端天气事件可能造成电网故障，引发冷藏系统电力短缺，这将加剧新鲜、易腐坏商品的毁损，影响农产品的营养品质（政府间气候变化专门委员会，2022）。

确保冷藏和制冷设施正常运行的关键前提是稳定且持续的能源供应，而在许多发展中国家的农村地区，这种供应仍然难以实现。这直接影响了这些地区建设冷藏基础设施的能力，并给农民造成直接和间接的经济损失。

直接经济损失是由于农产品损失产生的，而间接经济损失则是由于缺乏适当的冷藏设施，农民为避免完全损失，通常被迫在收获后不久以低价出售农产品。以撒哈拉以南的非洲为例，虽然畜牧业和奶制品生产对小农户的收入和福祉至关重要，但冷藏设施几乎不存在，储存基础设施也很简单，且使用木材等不适合的材料建造。这增加了害虫侵扰的概率和遭受洪水事件影响的风险，加剧了极端高温和高湿度条件对生物性变质的影响，从而导致农产品产量和质量上的损失（粮农组织、国际农业发展基金、联合国儿童基金会、世界粮食计划署和世界卫生组织，2020）。这会不可避免地导致大量农产品变质腐坏，造成粮食损失和自然资源浪费。同时，全球南方的发展中国家拥有利用太阳能电池板、生物燃料等可再生能源为冷藏和研磨站提供电力的巨大潜力。然而，必须根据本地地理、环境和气候条件，评估哪些可再生能源技术在既定环境中具有技术经济效益（见案例研究 5.2.2）（Puri，2014）。

气候变化预计将加剧病原体和真菌毒素在需要储存冷藏的粮食中的传播，从而增加对冷藏基础设施和技术的需求，这不仅包括建筑物内部的冷藏设施，还包括农产品运输车辆上搭载的设施，这些设施将防止农产品进一步变质和损失（Fanzo 等，2018）。冷藏设施缺失已成为粮食损失的主要原因之一，直接影响了地方粮食供应（Verhage 等，2018）。

据估计，通过引入与发达经济体相同水平的冷链设备，可以避免发展中国家约四分之一的粮食损失和浪费（机械工程师学会，2014）。最不发达国家的储存基础设施也常常受到极端气候事件影响，如被洪水淹没或被飓风损坏。

根据 Adekomaya（2018）的研究，季节性气候模式的变化会影响农产品的变质和污染程度，夏季的影响大于冬季。对最佳温度范围和存储及冷藏技术的认知缺失，加剧了储存环节面对气候风险的脆弱性。气候变化引发的平均温度变化可能进一步加剧粮食损失，为粮食存储能力带来更大挑战，进而在极端天气事件发生时削弱粮食供应（Furuholt 和 Matotay，2011）。

5.2.2 为农产品储存和冷藏提供气候服务

适当的温度和相对湿度条件对易腐坏农产品储存至关重要。如果没有足够的储存基础设施和温度监控系统，生产者往往需要在收获后立即出售他们的农产品，而无法等待最有利的销售时机和最佳市场价格。受气候天气条件所限，他们可能无法妥善维持新鲜农产品的产量和质量（粮农组织、国际农业发展基金、联合国儿童基金会、世界粮食计划署和世界卫生组织，2021）。虽然大多数国家认识到收获后基础设施的重要性，但许多国家难以确定合适的技术。

许多农产品需要的储存温度远低于环境温度，因此需要冷藏。冷冻和冷藏是最常见的食品保存方法之一，需要特定的温度条件以实现最佳保存效果（Potter 和 Hotchkiss，1995）。新鲜的肉类、家禽、乳制品和鱼类需要在 5℃以下冷藏储存，而鸡蛋则需在 7℃以下储存，罐头食品、干货的储存温度则在 10～21℃。

因此，根据农产品类型，需要考虑不同的气候参数及相关的温度和湿度风险，以免造成食品变质［德国交通运输信息服务（TIS），2020］。

最后，一些农产品需要特定的空气交换条件，如对储存环境进行通风、降湿、降温处理。适当冷藏对保持农产品的质量、营养价值和微生物安全性至关重要，这些特质容易在冷链的不同阶段（从储存、运输、市场到消费环节）受到影响，从而增加细菌生长的风险（Rovňaníková，2017）。

冷却和冷藏技术及相关基础设施需要大量的材料和能源投资，然而在最偏远地区和最不发达国家，这些设施非常有限，这也导致了粮食产量和质量的下降，并加重了粮食污染和健康问题（Puri，2016）。虽然农民可能会根据建议调整收获时机和设备以避免粮食损失，但在气候变暖的当下，在对冷却设施的需求随之激增的情况下，常见的储存设施却仍难以获得。各粮食链上的参与者之间协调和沟通的缺位会严重削弱有效的农业粮食管理（Despoudi，2021）。

气候服务可以为政策制定者提供有关特定地区未来气候因素和极端气候变化的信息，为针对性的冷藏和加工基础设施规划与部署提供信息支撑。在收获后基础设施开发的规划阶段纳入气候服务，可以使基础设施在面对未来的气候事件时更具适应性。这么做可以保障在干旱等极端天气事件影响下的全年粮食供应，从而增强社区对气候变化的抵御能力（见案例研究 5.2.3）。

手机的使用也能帮助加强农民与周边村庄仓库所有者之间的沟通，便于协商价格和预订仓储空间。

此外，在收获期间，移动通信技术可以帮助农民从农业技术推广人员那里获得最合适的粮食储存方法建议（Furuholt 和 Matotay，2011）。

关于储存条件、相对湿度、紫外线（UV）暴露以及潜在污染物或生物压力因素的信息，可以通过物联网传感器提供，这些传感器会不断监测环境和基础设施的参数。它们会向用户定期传递信息，并就潜在风险和安全隐患发出预警。这种先进技术提供了更迅速的预警能力，帮助预防农业粮食价值链关键阶段的粮食损坏和损失，这样就能更好保障农产品的质量和安全性。然而，这些设备成本高昂，在发展中国家推广存在显著的经济障碍。

也有更经济的措施可以用于构建气候智慧型的价值链。气候和环境评估可以用来支持高成本效益、高安全性能源的部署和适合特定环境的基础设施建设以及共享仓库储存空间的分配，但这有赖于待管理的农产品产量信息的可用性和准确性（Furuholt 和 Matotay，2011）。相关措施可以包括改造低洪涝风险地区的建筑物用以降低暴雨和极端温度的影响，或者通过投资农业和灾害风险保险以及早期预警系统，提升价值链参与者落地气候韧性实践和技术的知识和管理能力（Puri，2014；粮农组织，2021f；国际农业发展基金，2015）。气候服务可以为储存和加工环节的管理者提供关于最适宜气候条件的信息，并帮助他们更高效地储水或更经济地使用生物质、太阳能电池板等替代能源。面向最不发达国家开发气候智慧型解决方案是必要且紧迫的，这能减少大量的粮食损失、加强能源和自然资源的有效利用，并通过收获后增值活动来增加价值链参与者的收入来源并提高其收入。

粮食储存和冷藏方面的气候风险、气候服务和气候韧性举措见表 5 - 2。

表 5 - 2　粮食储存和冷藏方面的气候风险、气候服务和气候韧性举措

价值链上所处的阶段	气候风险	气候服务	气候韧性举措
储存	极端高温	极端高温咨询服务，季节性气候咨询服务	• 完善早期预警系统以预防和减少因极端高温导致的农产品变质 • 使用冷藏室防止生物降解 • 安装高效能源基础设施以支持温控储存，并减少化石燃料能源温室气体排放 • 开发可再生能源技术以降低化石燃料依赖度，从而助力减缓气候变化并增强韧性 • 使用适当的农产品保存技术（如干燥，冷却和冷冻，加热，盐渍，腌渍，油浸，蜜渍，酒精保存，熏制，辐照和高压处理） • 使用信息和通信技术，如温度和湿度传感器，防止因高温导致的粮食损失 • 缩短储存时间以降低粮食变质风险
	洪水	洪水咨询服务	• 完善早期预警系统以防止洪水对储存设施和粮食的影响 • 使用木质托架储存，保持与墙壁的距离，并采取卫生措施以降低湿度和防止霉菌传播 • 建设气候适应型仓库，仓库应符合可持续结构要求和标准（如选址应考虑洪泛区、适当尺寸、建筑类型、屋顶坡度、屋顶檐口和坚固地基） • 部署雨水收集系统，包括雨水罐、水泵和净水器；使用晾衣架，做好暴雨排水系统维护
	风暴或强风	风暴或强风咨询服务	• 完善早期预警系统以防止风暴或大风天气对储存设施和粮食损失的影响 • 建设气候适应型基础设施；确保选址和尺寸适当，优先使用砖块和混凝土建筑而非木质结构
	病虫害	病虫害预警	• 完善早期预警系统以防止害虫和啮齿动物侵袭以及真菌毒素扩散对农产品的影响 • 使用黄麻袋和羊毛毯储存以加强空气流通，或使用密封袋以减少粮食污染和霉菌传播 • 加强食品质量控制，确保符合食品安全标准 • 确保适当的作业卫生和清洁工作
	相对湿度变化	每日相对湿度预报和监测	• 改善储存条件，例如在温带气候地区使用风扇系统进行通风，或在湿暖环境中使用风扇系统降低湿度和温度 • 使用除湿器、屋顶通风器和墙壁通风口 • 实施蒸汽热处理或热水处理；使用柳条箱储存农产品 • 使用信息和通信技术，例如温度和湿度传感器

（续）

价值链上所处的阶段	气候风险	气候服务	气候韧性举措
冷藏	极端高温和相对湿度	适当温度和湿度水平的气候参数	• 建设冷链基础设施，完善相关技术，如配备通风系统、预冷设备和空调 • 部署可及、高效、经济实惠且可再生的能源技术，如通过有机废弃物（包括变质食品）的厌氧反应生产沼气，以减少粮食浪费和温室气体排放 • 建设可持续能源基础设施以实现温控储存

资料来源：粮农组织（2021e）。

© 粮农组织/Giuseppe Carotenuto of Uga...

案例研究 5.2.1　面向咖啡储存的气候服务

背景

咖啡豆在收获后需要在阳光下晒干或使用干燥机械烘干，通常目的是将含水量降至12%。咖啡豆在烘焙前可以储存的时间取决于储存设施的温度和湿度。影响储存中咖啡豆的主要气候因素是高相对湿度以及与天气有关的病虫害侵袭，这些因素会导致霉菌和真菌毒素的传播。咖啡价值链上的粮食损失主要发生在储存期间，主要原因是赭曲霉毒素 A（ochratoxin A）的污染。

主要挑战

咖啡需要适当的储存基础设施设备，而这些设施往往不足，特别是在最不发达国家，气候条件的变化（如更高的湿度和温度）对储存影响最大。此外，储存中的咖啡非常容易受到暴雨和洪水的影响，这些天气事件可能会破坏或损坏基础设施，并使干燥的咖啡豆再次受潮。由于设施条件薄弱，无法安全储存咖啡以应对气候影响（例如，咖啡豆离墙或地板距离不够远，或通风不良导致湿度较大），使得咖啡受潮的问题更加严重。小规模生产者通常使用简易结构来储存产品，这些结构通常通风不良，没有风扇或缺乏湿度控制设备。

使用气候服务的好处

因此，采用相关措施和技术来确保农产品质量和适当的环境条件，是避免粮食损失和变质的关键。需要持续监测产品内部和更广泛的储存结构中的温度和相对湿度条件，以防止真菌和细菌的侵袭。在储存阶段，气候服务可以基于测量到的气候参数提供用于估算最长储存时间的信息。咖啡储存的推荐温度范围从 4.4℃ 到 10～21℃ 不等。建议湿度范围是收获后控制在 50%～70% 的相对湿度，干燥后降至 12% 的相对湿度（Palacios 等，2004）。

面向农产品储存的气候服务——以科特迪瓦为例

在"通过防止霉菌形成提高咖啡质量"这一全球咖啡项目中，科特迪瓦的一项研究发现，在储存四个月后，咖啡的含水量从约 12% 上升到近 18%（粮农组织，2006）。研究表明，咖啡储存管理实践可以帮助生产者监测储存环境和咖啡的温度和湿度变化。此外，通过缩短储存时间，从而减少咖啡暴露在暴雨中的时间，可以减少粮食损失。还可以建立有效的排水系统和气候适应型基础设施，以降低洪水风险（粮农组织，2006）。气候信息服务可以为因地制宜制定储存时间指南提供支持，并推动缩短储存时间以减少水分积累。

©粮农组织/Karel Prinsloo

案例研究5.2.2　分散式太阳能冷藏的市场潜力——以卢旺达为例

背景

2018年，卢旺达生产了590万吨园艺产品。该国2018年制定的国家农业政策目标是到2024年出口46 314吨园艺作物。

主要挑战

园艺价值链发展尚处于初级阶段，小规模生产者和贸易商占据主导。水果和蔬菜容易发生生物降解，需要通过冷藏防止腐坏。大多数水果和蔬菜都是趁着新鲜的时候销售和消费的，因此园艺作物的损失比例很高。例如，卢旺达种植的番茄约有56%遭到损失（美国国际开发署，2018b）。缺乏冷藏设施是减少农产品损失的主要障碍，而在农村地区部署冷藏设施的一大挑战是缺乏可靠的电力供应。截至2018年，卢旺达农村地区只有23%的人口能够使用电力（世界银行，2021）。

使用气候服务识别合适的可再生能源解决方案

利用气候预测、季节性预报、信息和咨询服务等气候服务，了解水、土地和可再生能源等自然资源的可用性，对于寻找最合适、最经济的粮食储存冷藏设施长期供电方式至关重要。这将帮助提升农业粮食价值链的气候韧性和可持续性，并从整体上强化许多人赖以生存的能源系统。

在本案例中，通过对卢旺达地理特征和国家及地区社会经济条件进行可行性评估，研究人员确定太阳能是当地冷藏工作最有效的可再生能源解决方案。事实上，卢旺达地处南纬2°，紧邻赤道，具有使用太阳能的巨大潜力。地理和政治的有利因素共同推动了该国国家层面太阳能发电的大规模发展，同时也促进了可持续、有韧性的农业粮食价值链的发展（Puri、Rincon 和 Maltsoglou，2021）。

建议与投资机会

分散式太阳能冷藏是一种解决方案，可以在未接入电网的农村地区部署。这种方案能够为农民提供急需的冷藏能力，同时也减少温室气体排放。粮农组织近期在卢旺达开展了一项评估工作，估算了各种太阳能技术在卢旺达各粮食价值链上的市场潜力，也测算了在园艺价值链上运用太阳能冷藏技术的市场潜力。这项评估工作重点关注卢旺达政府制定的 2024 年出口 46 314 吨园艺产品的目标。

评估结果显示，如果这一出口目标达成，且出口的园艺产品中太阳能冷藏采用率为 75%，那么太阳能冷藏的市场潜力可能高达 610.5 万美元（Puri、Rincon 和 Maltsoglou，2021）。使用太阳能冷藏技术可以解决冷藏容量不足的问题，同时控制农村冷藏环节温室气体排放的扩大。

ⓒ虚拟冷链助手/图片用于媒体发布

案例研究 5.2.3 用于农产品冷链的气候知情咨询服务

背景与主要挑战

印度是主要粮食生产国和全球粮食出口国，但该国生产的粮食有相当一部分在农业粮食价值链的各环节中损失，主要原因之一是缺乏冷藏设施（粮农组织，2018）。Koegelenberg（2021）指出，使用冷链的主要障碍是缺乏对收获后基础设施、电力和技术的投资。此外，生产者资金有限，冷链实践实施的技术能力薄弱，对购买高成本设备的益处认识不足等因素，也都加剧了这一问题。

用于食品冷链的气候服务——以印度为例

巴塞尔可持续能源署与瑞士联邦材料科学与技术实验室联手创建了"你的虚拟冷链助手"移动应用程序，为印度的小农户提供有关冷链实践的关键信息、建议和访问权限。该应用程序在减少粮食损失和增加市场机会方面做出了重大贡献。

使用气候服务的好处

这一服务提供的主要数据包括所选地理区域的气候和天气信息、产量水平、冷藏条件下的温度和湿度传感数据，以及用于监控农产品质量和保质期的最终产品保质期估算值，所有这些都与市场定价信息相关联。农民还可以获得冷链设施和维护服务合约，以及关于最佳储存条件的咨询服务，帮助他们减少粮食损失和资源浪费。

这类援助工作和定制化建议帮助农民在从生产到储存、再到上市的过程中，作出气候智慧型的决策，并通过增加食品冷链实践中的增值机会来助力减贫工作。这项工作也将显著减少印度的粮食损失（Koegelenberg，2021）。

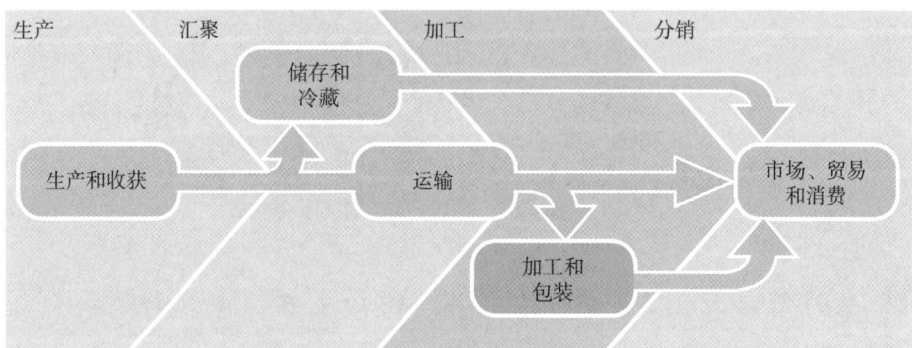

5.3 加工：农产品加工和包装

农产品加工过程中使用不同科技延长农产品保存时间，延缓农产品成熟和变质过程，同时对农产品的营养质量施加可预测、可控制的影响。通过差异化的加工技术，如干燥、发酵、发芽、熏制和烘焙，可以改善营养特性，而这些技术通常不需要大量的技术或能源资源（见表3-1；粮农组织、国际农业发展基金、联合国儿童基金会、世界粮食计划署和世界卫生组织，2020）。同时，与新鲜产品相比，农产品加工可能会导致其感官特性和营养特性下降（Guiné，2018）。例如，虽然紫外光线照射在处理真菌毒素方面有帮助，但也会因为蛋白质变性、维生素损失、抗氧化剂损坏、脂质氧化以及颜色、物质、风味和气味的变化，影响产品成分（Csapò等，2019）。农产品加工还可以将原料食品转化为其他食品产品和副产品，增加生产者销售不同农产品的机会，并为消费者提供更多选择（粮农组织，2004）。

无效的传统加工和包装技术，加上基础设施的缺失，导致大量的粮食损失和价值损失，因为湿暖气候地区的高湿度会加速霉菌传播，从而导致农产品腐坏（Puri，2014）。最不发达国家的许多粮食毁坏事件也是因为加工和包装基础设施被极端洪水事件或飓风破坏所致。此外，频繁将农产品运往原产国以外的国家进行加工和贸易，使得产品流向追踪变得更加困难。当然，这也为面向价值链中游特定用户提供气候服务创造了机会。

5.3.1　农产品加工和包装面临的气候风险

在许多时候，在基础设施极为简陋的情况下，加工和收获后处理只能仰仗天气条件（Puri，2014）。每种加工方法都有其优缺点，取决于特定气候条件，例如干燥时长、营养特性损失程度，包装时空气湿度过高导致的储存寿命缩短，以及温度和相对湿度较高时昆虫和微生物的侵袭。

与农业粮食价值链上的其他阶段相比，包装阶段受天气灾害的影响较小。这一阶段更容易受到室内环境条件以及产品包装技术和设备的影响。这些因素也会对长途运输产品的保存质量产生影响（见案例研究5.3.1）（Piacentini和Mujumdar，2009；Xiao和Mujumdar，2019；Orge等，2020）。

在许多发展中国家，用于储存、加工和包装的基础设施和实践往往比较有限且不够发达，依赖于传统的不可持续能源，自然资源利用效率低下，能够指导收获及收获后技术运用以减少粮食损失或通过食品加工减少食品污染、变质和损失的相关信息比较匮乏（Puri，2014）。气候对发展中国家的限制性影响更大，这些国家由于地理和环境特征，对气候变化高度脆弱，显著暴露于气候影响之下。发展中国家的另一个主要挑战是缺乏适当和可靠的基础设施、能源服务和技术来缓冲农业生产者和参与者的冲击。缺乏用于收获后立即加工农产品的基础设施，显著降低了农民的适应能力，同时导致粮食损失的风险增加（Rezaei和Liu，2017）。

加工和包装阶段也极易受到下游活动及全链相关气候活动的影响（见案例

研究 5.3.2 和案例研究 5.3.3）。例如，卢旺达的气候变化对茶叶和咖啡加工行业产生了负面影响，进而影响了商业机会。旱季变长会损害茶树，推迟咖啡作物开花和咖啡豆成熟的时间，进而导致储存加工环节产品数量与质量的降低。同时，收获期缩短还将挤压原茶和咖啡产品的供应时间，导致加工设施超负荷运转，造成农产品变质和经济损失。最后，长期干旱、极端温度和洪水事件也会影响茶叶干燥过程中所需能源系统的可用性和成本，而茶叶干燥恰恰是一个能源密集型的过程（气候专家组织，2017）。

干燥是常见的农产品加工保存方法。在渔业、谷物、水果、蔬菜和肉类生产领域，传统且最经济实惠的干燥技术往往依赖于天气条件，包括晒干和太阳能干燥。晒干是直接将产品暴露在太阳辐射和风中以去除水分和湿气。相比之下，太阳能干燥则将产品置于封闭空间内干燥，例如太阳能温室，产品直接与空气接触，但不与阳光接触。晒干技术存在缺点和风险：产品会暴露在不断变化的天气条件和相对湿度中，并且会受到啮齿动物、昆虫和鸟类等污染源的影响，这些因素可能影响产品质量，甚至破坏整个干燥过程（Guiné，2018）。因此，已经开发了更先进的室内技术，包括"热风干燥、喷雾干燥、冷冻干燥、红外线、微波或射频干燥、渗透脱水或综合使用多种干燥技术"（Guiné，2018）。

鱼干技术成功与否，以及参与鱼类加工和贸易的社区和经济体的福祉，仰仗于温度变化、降雨模式和阴天等因素，同时也受到极端天气事件，如风暴、大雨和洪水的影响。在条件不理想的情况下，鱼类加工成本可能会上升，直接影响渔民收入、产品质量和市场供应，以及消费者的购买能力和营养摄入（Monirul Islam 等，2014；Mitu 等，2021；粮农组织，2021f）。

谷物也需要干燥以防止变质。由于发展中国家缺乏用于存储、干燥的基础设施和技术，谷物可能会被留在田间直到成熟，并在阳光下晾干。这可能意味着谷物更容易受到害虫和鼠类侵袭，以及大雨等极端天气事件的影响，进而在干燥过程中受到霉菌或黄曲霉毒素污染，引起腐败和产量损失，从而危及整个农业粮食价值链（Puri，2016）。

5.3.2 用于农产品加工和包装的气候服务

对于依靠太阳晾干的作物，气候服务可以根据具体情况和具体作物，提供每日到每月的温度、相对湿度和降水预报。这可以减少因不利天气或极端天气事件、害虫暴发而造成的粮食损失和损坏，即使在没有存储基础设施的地区也有帮助。

因此，气候服务将提高农民选择最适宜晾晒时间和晾干方法的能力，助力应对特定的气候和天气状况。不过，尽管太阳晾干适用于温暖干燥的气候，但在天气相对不可预测或变化较大的地区，或在气候潮湿和气温较低的地方，则必须使用其他干燥方法。太阳能干燥是一种选择，但这需要额外的基础设施和能源技术，也需要进行环境和社会经济评估，从而确定部署可再生能源以支持可持续价值链干预措施的适宜性（Puri，2014）。

基于天气条件的晾干时间和方法咨询服务也应针对每种作物进行定制。例如，谷物的晾晒过程就需要监控，以便在完全干燥后开展收割工作。相比之下，豆类则需要放在垫子上而不是在田间储存和晾干。块茎作物必须在收获后立即进行干燥和加工，以延长其储存期（Njuguna 等，2021）。

有关最佳湿度条件、紫外线照射、温度和气流的信息和建议是对农产品加工和包装阶段非常有用的气候服务。气候服务还可以包含教育服务，帮助提高人们对农产品加工和包装实践相关益处及风险的认识。气候服务还可以结合技术培训，提供有关最有效储存、冷藏、加工和包装方法及技术的培训，帮助保持营养品质，防止粮食损失，降低因极端天气事件、病虫害对基础设施造成的整体损害（Fanzo 等，2018）。此外，关于处理易腐坏农产品方法和相关机遇的能力建设项目能够助力提升产品价值，并鼓励生产者从事副产品生产活动，从而增加市场机遇和生产者收入（粮农组织，2018）。

最后，中长期气候预测能为开发气候适应型基础设施提供支持，以增强未来价值链的韧性。

©粮农组织/Ezequiel Becerra

农产品加工和包装领域的气候风险、气候服务和气候韧性举措见表5-3。

表 5 - 3　农产品加工和包装领域的气候风险、气候服务和气候韧性举措

价值链上所处的阶段	气候风险	气候服务	气候韧性举措
加工和包装	紫外线	紫外线指数预报	• 使用紫外线灯来保障农产品质量和农产品安全 • 从晒干切换到太阳能干燥技术（如使用太阳能柜式干燥技术）
	相对湿度变化	每日相对湿度预报和监测	• 使用机械干燥技术，例如热风干燥 • 提供现代加工技术建议，如最佳热处理条件、副产品生产建议和农产品脱水机使用指导 • 使用各种尺寸的包装、容器、无菌包装、防潮抗氧化包装 • 使用气调包装技术和脉冲电场技术 • 在收获后立即干燥和包装农产品，以防变质 • 安装可持续、安全、高效的机器（例如用于研磨、干燥和刨削的机器），以提高生产力、节省时间并提高劳动和运营的成本效益 • 使用信息和通信技术，例如温度和湿度传感器系统

资料来源：粮农组织（2021e）。

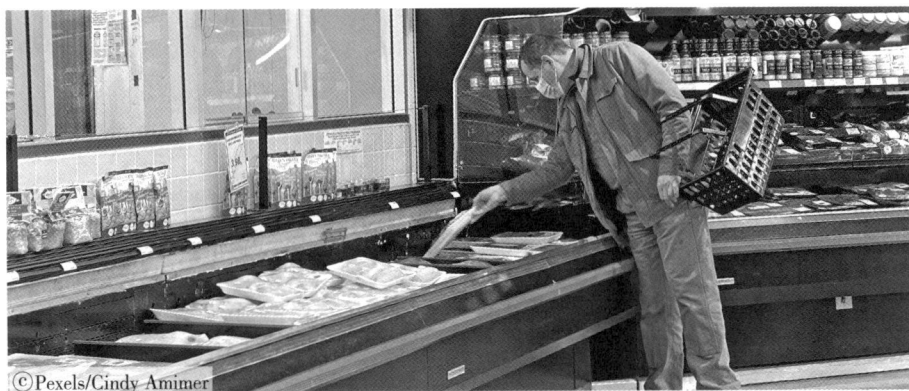

©Pexels/Cindy Amimer

≫

🔍 **案例研究 5.3.1　开发新型食品包装技术——以意大利为例**

背景

为了防止食品过早变质并在成功保存食品的同时确保食品质量和食品安全，包装至关重要。农产品损失和浪费的决定因素主要是氧气和细菌，这些因素会导致异味产生，更重要的是会造成营养成分流失（粮农组织、国际农业发展基金、联合国儿童基金会、世界粮食计划署和世界卫生组织，2019）。

具有抗氧化活性的新型食品包装材料案例

在明确食品与包装之间的相互作用以及包装与环境之间的相互作用同样重要后，卡梅里诺大学（University of Camerino）和意大利涂层制造商 Elettrogalvanica Settimi 公司于近期申请了一项新型食品包装专利，这是一种具有抗氧化活性的功能化"聚对苯二甲酸乙二醇酯"（PET）（Alessandroni 等，2022）。这项发明通过材料表面的处理，克服了抗氧化薄膜生产的缺点，使其易于回收，特别适合用于食品包装。

防止粮食浪费的活性食品包装案例

粮食浪费是一个全球性重大问题。根据粮农组织的数据，约 14% 的粮食被损失和浪费（粮农组织、国际农业发展基金、联合国儿童基金会、世界粮食计划署和世界卫生组织，2020）。降低这一比例将使全球农业粮食体系更具韧性。为此，卡梅里诺大学与包装公司 EsseO$_4$ 合作，申请了一项能将新鲜食品（如肉类、鱼类、奶酪等）保质期延长 50% 的创新包装专利。这项专利涉及一种含有天然活性成分（迷迭香提取物，可以减缓导致异味和营养流失的细菌的繁殖）的包装，并由可回收薄膜提供支撑。该公司正在准备将这一活性包装推向市场，并已收到客户的积极反馈（Sirocchi 等，2013；Sirocchi 等，2017）。

©Pexels/Los Muertos Crew

案例研究 5.3.2 奶制品价值链面临的气候风险—— 以肯尼亚和乌干达为例

背景

关于肯尼亚奶制品价值链的一项研究（Mwongera 等，2019）指出了气候灾害对畜牧业价值链各环节的影响程度，并从利益相关者的参与和讨论中

53

获取了对气候影响的感知。干旱、极端高温、大雨和洪水持续影响着畜牧业生产、加工和运输领域的从业人员。由于价值链参与者的潜在社会经济脆弱性（贫困），加上基础设施薄弱以及服务和监管有限等因素影响，相关从业人员对气候影响有着强烈的认识，因而被迫使用不充分的适应实践（如牧民迁徙）来应对气候灾害。因此，畜牧业价值链中的气候适应型实践在减少气候对奶制品加工的影响方面具有很大潜力。这些实践包括加强动物圈舍冷却、动物营养改善以及耐热品种引进等领域的创新节能技术研发。

以肯尼亚和乌干达的干旱和洪水为例

在肯尼亚，干旱是奶制品价值链损失的主要驱动因素，从投入品供应和育种到更高昂的饲料成本以及更低的饲料产量和质量，都与干旱有关。在生产层面，干旱对奶牛造成严重影响，奶牛在炎热干燥的条件下承受压力，对病虫害的抵抗力降低。干旱也会影响储存和加工环节，导致牛奶变质，增加了收集和聚集的成本。所有这些因素会降低产品的产量和质量，最终对市场产生影响（Mwongera 等，2019）。干旱也对乌干达的牲畜价值链产生了负面影响，导致该国生产阶段水和饲料的短缺，降低了市场供应（Carabine 等，2017）。

洪水事件是奶制品价值链上造成粮食损失的另一个主要驱动因素，其影响覆盖从投入供应到加工、运输、市场和消费的各环节（Mwongera 等，2019）。暴雨会破坏道路以及储存和贸易基础设施，从而增加投入品成本、牛奶生产和收集成本，阻碍产品进入储存、加工和市场设施。因此，生产者、加工和运输从业者以及最终消费者都会受到影响。如果应对不当，气候变化将持续对肯尼亚和乌干达的牲畜和奶制品价值链产生负面影响。然而，对于价值链参与者和利益相关者而言，这也创造了开发新产品、新服务的潜在机遇，为向可持续、包容的、有韧性的价值链转型创造了可能性。这反过来也将以国内外商业机会、创造就业、国民增收的形式，增进社会福利和经济增长（Carabine 等，2017）。

政策建议与投资机会

乌干达海外发展研究所、马凯雷雷大学（Makerere University）和卡拉莫贾发展论坛（the Karamoja Development Forum）（Carabine 等，2017）联合开展的一项研究，为加强乌干达气候适应型牲畜价值链提出了政策建议。这些建议包括基于市场的金融工具和金融服务、基础设施干预举措、技术部署以及基于气候和天气信息的市场咨询，这些举措将使价值链上的各方受益，特别是那些最为脆弱的牧民。总体而言，研究表明，私营部门（包括加工和运输领域）与政府部门的结合，是增加市场机会的关键（Carabine 等，2017）。

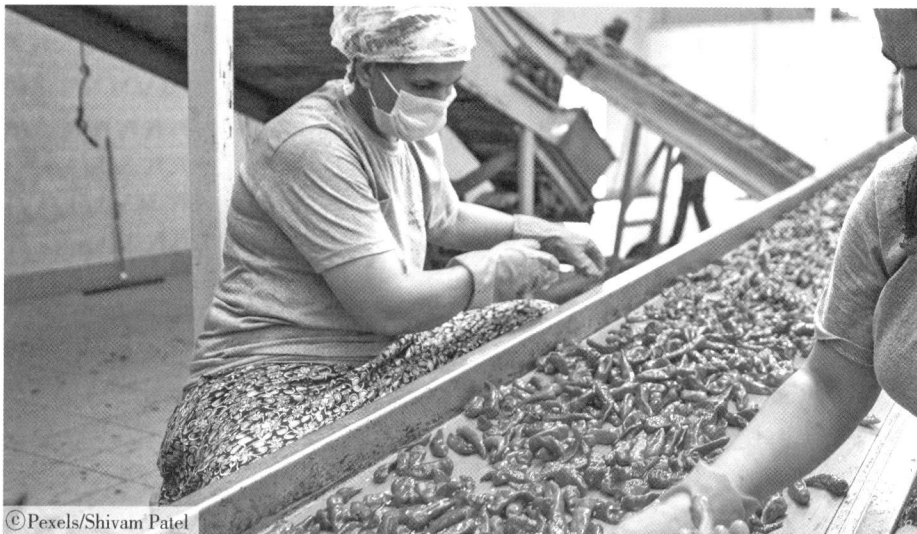

©Pexels/Shivam Patel

🔍 案例研究 5.3.3　红辣椒加工——以北马其顿为例

背景

北马其顿农村发展网络隶属于灵活的多方合作机制项目"气候智慧型农业和生态农业背景下的农业可持续生产力"（粮农组织，2021g），该组织编写了一份报告，评估了红辣椒价值链上的气候服务需求。果蔬加工和储存行业是北马其顿的关键部门。农村发展网络组织对从事罐装、干燥和冷冻等蔬菜和水果加工活动的 43 家小农公司进行了调研（由于果蔬生产和就业机会的季节性特点，小农公司是该国最常见的企业类型）。

经验教训与投资机会

受调加工企业观察到，气候和天气灾害对投入品供应商和运输环节的影响比对价值链其他环节的影响更大。这主要是因为红辣椒价值链的气候服务主要在生产阶段由该国农业、林业和水经济部下属的国家气象水文局提供。这些服务被用于基于天气信息做出有关投入品（如种子和肥料）的决策。大多数气候服务通过电视和广播提供，主要提供温度和降水情况的信息，并未锚定农产品价值链中不同利益相关者尤其是加工者的具体需求。

除了这些基础的气候服务之外，没有关于气候适应或气候减缓机会的个性化咨询服务。因此，在利用气候服务应对特定灾害和降低农产品价值链整体脆弱性方面，研究与应用之间还存在差距。这也意味着在利益相关者参与方式，以及在红辣椒加工环节的工具和定制化干预措施方面，还有进一步研究的空间。

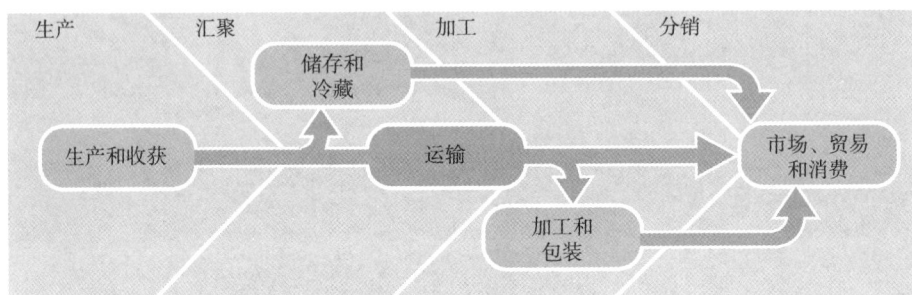

5.4 流通：农产品运输

农产品运输是农业粮食价值链中的关键一环，旨在确保农产品安全交付到市场并最终被消费。农产品运输涵盖的领域广泛多样，包括基础设施建设、物流以及国际运输法规和标准。农产品运输可以在价值链的多个阶段进行，例如，将其运输到农场和其他农业设施所在场所、运输到储存和加工设施所在场所，以及运输到国内和国际市场。农产品运输可以使用不同的交通工具，包括自行车、卡车、船舶和飞机等。这取决于农产品本身的性质、社会经济体系的状态、基础设施发展状况以及国内外农业市场和价值链环节中其他设施和服务的复杂性。这些环节还涉及不同的时间周期，因此需要设定明确的时限与标准，以确保农产品在运输过程中的质量与数量不受影响（粮农组织，2021f）。

运输阶段农产品损失受到许多因素影响，包括车辆损坏、交通事故、车辆冷藏技术不足以及道路、港口、铁路和航空基础设施的中断。气候和天气方面的不利因素是上述所有环节的主要压力源。

5.4.1 农产品运输中的气候风险

气候灾害，如极端温度、暴雨、风暴、海平面上升，以及地球物理灾害（如山体滑坡）都对农产品运输构成了根本挑战。从短期看阻碍了公路、铁路、航空或航海运输，从长远看则严重破坏道路基础设施（Fanzo 等，2018；政府间气候变化专门委员会，2022）。这些运输方式受到的影响不尽相同。在公路运输方面，由于天气对道路安全和驾驶条件的影响，交通事故经常发生。在铁路运输方面，极端天气和洪水事件会阻碍运营效率，破坏铁路和车站基础设施，从而损害货物和人员的安全流动。在海上运输方面，天气会影响航行的稳定性和时间、货物和船只的安全、燃料供应和燃料效率（Pilli - Sihvola 等，2016）。

因此，极端天气对整个运输行业的影响会对农产品运输造成不利后果。这需要采取适当的时间控制和行程管理措施，以尽量减少粮食变质和浪费现象发生。此外，极端天气事件，加上薄弱的道路和物流基础设施，会阻碍农产品进入农场、仓库和市场的渠道，进而影响最脆弱群体的农业生产力和粮食安全。

运输过程中的极端高温会影响交付的农产品数量和质量，尤其是农产品在收获后尚未进行加工和包装而立即运输，或由未进行温度和湿度控制的车辆进行运输。暴雨、强风及大雾/沙尘/大雪导致的低能见度天气对驾驶员构成显著安全威胁，尤其在道路基础设施不完善、车辆状况不佳，且缺乏停车区与休息区等必要服务设施的路段。

5.4.2 农产品运输中的气候服务

面向农产品运输的气候服务中同质化现象仍然是一个挑战。每种运输方式（航空、航海和陆运）都有各自的方式来应对影响力较大的天气事件对其运营的安全性、效率性和连续性的影响（世界气象组织，2016）。运输部门利用气候服务的主要领域包括内陆海运、公路运输、铁路运输、港口和港湾运输（McGuirk 等，2009）。然而，值得注意的是，尽管气候服务已有效融入交通部门的日常运营，显著降低了极端天气和自然灾害对陆路及海上运输的影响（参见案例研究 5.4.1），但现有研究对定制化气候服务在易腐农产品运输领域的应用仍缺乏系统分析。

总体而言，对气候服务、气候适应性基础设施和农产品运输的投资还未成为农产品价值链活动的主流，特别是在最不发达国家，此类干预措施的成本很高。然而，这些活动增加了农业粮食价值链参与者的收入，为当地社区和国际消费者提供了更健康的饮食，并带来了可观的经济回报（粮农组织、国际农业发展基金、联合国儿童基金会、世界粮食计划署和世界卫生组织，2020）。运输是价值链中最重要的环节之一，市场、零售商乃至消费者都依赖于它。

气候和天气信息服务，包括利用适当的信息和通信工具进行天气预报和早期预警，向司机和农产品运输经营者提供有关道路运输或导航天气状况的每日或每小时详细信息，以期改善农产品运输物流服务（见案例研究 5.4.2）。

因此，气候和天气信息对提高运输运营商适应气候和天气危害的决策能力至关重要。

然而，关于最有效路线的信息和适宜驾驶条件的最新信息并非总是现成的，特别是在最不发达国家。

针对农产品运输的气候适应性措施包括管理从农场到仓储的运输物流、根据仓储的可用性和价格决定向运输商和贸易商交付的数量和时间，以便利用最佳市场交易进行农产品销售（粮农组织，2021f）。此类干预措施专门针对农产品的市场销售问题，在农产品收获季节显得尤其重要，因此需要所有参与者都能持续获得有用的信息和沟通策略及技术。例如，农民可以借助手机互联网信息组织产品运输，或连接运输服务以处理道路事故。这降低了直接影响道路基础设施和驾驶员的极端天气带来的风险，大大减少了所花费的时间、成本以及潜在的粮食和经济损失（Furuholt 和 Matotay，2011）。

在实践过程中，还应通过早期预警系统等快速干预措施减少短期影响，或加强与运输参与者的沟通，以确保在整个行程中持续提供天气信息。此类干预措施使农产品运输更加高效，并降低了从极端天气事件造成的破坏中恢复所需的潜在成本（粮农组织、国际农业发展基金、联合国儿童基金会、世界粮食计划署和世界卫生组织，2020）。至关重要的是，气候专家认识到需要根据交通运输利益相关者的需求和对气候风险的理解水平定制气候信息和相关咨询服务。清晰的沟通是联系相关参与者的关键（Quinn 等，2018）。交通运输方式的多样性意味着农产品价值链中的其他参与者需要针对性地采取不同的方法，以便更密切地处理农产品。

5.4.3　道路和其他基础设施层面的气候服务政策和干预措施

由于交通运输部门非常容易受到气候变化的影响，有必要根据气候条件适时调整应对措施，对道路、车辆和港口采取长期的干预措施，持久减少上述基础设施暴露于不利气象条件中，特别是在受社会、经济和环境限制的地区，这一点尤其重要。这些措施可以用于应对存在质量缺陷的道路基础设施和车辆、储存易腐食品的车辆燃料及技术失效，以及在基础设施干预、路边援助和保险计划方面公共和私人投资不足等问题（见案例研究 5.4.3）。

在运输车辆内部加装冷链仓储技术，可有效提升农产品采后运输的保有量并维持品质，避免极端温湿度环境造成的损耗。这一措施应与对道路、铁路和航运基础设施以及运输物流的持续性管理和维护相结合。交通运输参与者更类似于基础设施、物流和能源领域的外部利益相关者。因此，可能影响道路基础设施和车辆的风险信息必须公开透明，并根据用户对这些风险因素的看法进行调整。发达国家和发展中国家对此的认知可能有所不同，具体取决于可用的基础设施和通信方式。提升对上述风险信息认知的方式包括：利益相关者之间进行协商、气候专家和交通参与者之间加强沟通、共享信息以及提高整个交通运输网络的决策能力。

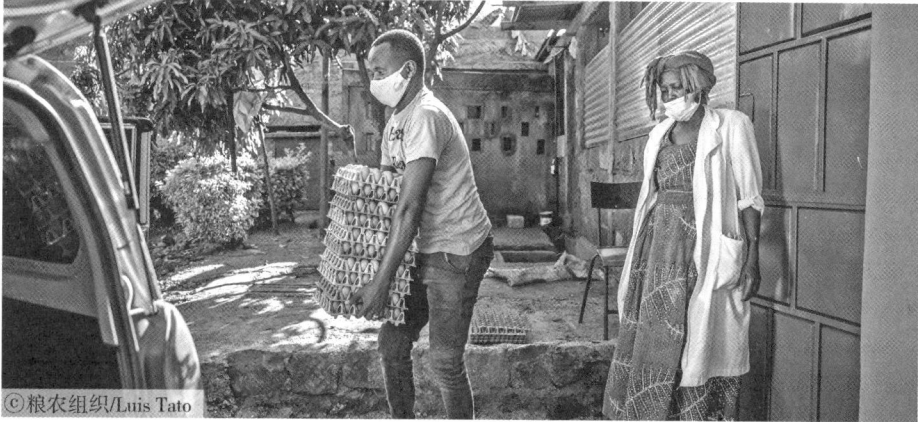

ⓒ粮农组织/Luis Tato

农产品运输的气候风险、服务和韧性措施见表 5-4。

表 5-4 农产品运输的气候风险、服务和韧性措施

价值链所处阶段	气候风险	气候服务	应对气候变化的措施
运输	强降水	极端降雨警报	• 完善预警系统，防止强降雨事件对道路基础设施的影响，并减少其造成的粮食损失 • 建设有复原力的排水系统和基础设施 • 将道路和桥梁抬高至洪水位以上 • 在外部环境不危急的情况下运送农产品 • 降低运输速度并优化运输线路规划 • 推广安全、高效的新鲜易腐农产品运输路线，以减少运输时间、粮食损失和能源消耗 • 提供农产品储存制造技术的培训和建议，以减少运输过程中的损失
	雷雨	雷雨警报	• 完善预警系统，减少雷雨对道路基础设施的影响并降低其造成的粮食损失 • 针对特定运输方式进行路网脆弱性评估 • 降低运输速度并优化运输路线规划
	大风	大风警报	• 完善预警系统，减少大风对道路和车辆的影响，并降低其造成的粮食损失 • 外部驾驶环境危急时减少使用道路交通工具 • 安装路堤防护
	大雾、沙尘和大雪	大雾、沙尘和降雪警报	• 使用 LED 面板以及适当的照明和规划以减少道路事故

（续）

价值链 所处阶段	气候风险	气候服务	应对气候变化的措施
运输	极端海况	沿海和 近海预警	• 完善预警系统，避免在外部环境危急时运输农产品 • 推广使用导航设备 • 使用有颜色标志的警告信号告知运送农产品的最佳时间
	极端 高温	高温预警	• 完善预警系统，避免在外部驾驶条件危急时运输农产品 • 提高冷藏车的保温性能，同时降低车辆的能耗 • 推广安全、高效的新鲜易腐农产品运输路线，以减少运输时间、粮食损失和能源消耗

资料来源：粮农组织（2021e）。

©Pexels/Tom Fisk

≫

🔍 案例研究 5.4.1 欧洲交通运输部门天气服务的发展

背景

Pilli-Sihvola 等（2016）证明了天气服务发展在降低交通部门对天气和气候变化的敏感性和脆弱性方面能发挥作用。该研究以气候变化适应性以及天气和气候服务评估作为理论框架。它对天气服务链进行分析，以了解驾驶员在恶劣天气条件下出行前和出行期间的决策过程，并确定潜在的定制措施和信息工具，以改善用户对水文气象信息的获取和使用。该项研究主要聚焦道路运输。道路运输是在极端天气条件造成的事故、损失和成本方面最容易受到影响的运输领域，也是最适合利用气候和天气信息服务提高行动者适应气候变化能力的领域之一。

为了获得所涉行为者的代表性样本，并全面概述运输部门发展和使用气候服务的情况，对各种道路运输商、利益攸关方和服务提供者进行了 12 次访谈，其中包括欧盟水文气象服务部门、气象观测技术专家和一家道路养护公司。

政策建议和投资机会

访谈结果表明，行为者之间需要加强合作，为公共和私营利益攸关方量身定制气候信息、基础设施和技术，并改善气候智慧型交通系统。公共机构共同提供的服务可以在这方面发挥作用，特别是国家水文气象服务与私营部门之间的合作，如汽车行业、基础设施工程公司以及通过无线电、智能手机应用程序和卫星导航设备等渠道提供气象信息服务的机构。

研究结果表明，为运输部门开发和提供气候服务、天气预报和早期预警系统，以及建立量身定制的信息和通信渠道，以减少其易受短期天气变化、极端天气和长期气候变化风险的影响，具有重要意义。

©Pexels/Michael Burrows

≫

🔍 **案例研究 5.4.2　食品安全现代化法案——美国**

背景

2011 年，美国食品和药物管理局出台《食品安全现代化法案》（美国食品和药物管理局，2017），以监控食品行业不同公司食品之间的安全运输。在这一法案下，公司需要满足诸多标准和要求，建立监测系统并制定监测计划，以确保食品质量，从而防止疾病传播。

建议和投资机会

食品行业控制计划必须是预防性的，以检测对食品安全的潜在物理、生物和化学危害。这些计划必须针对供应链上的具体环节量身定做，力求找出供应链中最容易受到外部影响的环节（如储存、包装和运输，特别是在缺乏整体控制系统的情况下将食品转移到车辆中以及通过铁路进行运输过程中）。这些计划还必须涵盖预防和减少风险的战略，包括土壤、温度和湿度监测系统，包装和卫生标准，以及适当的车载储存，以防止食品交叉污染。

充足的运输车辆和设备对保障食品安全至关重要。机动车辆或有轨电车被认为是最适合的交通工具。而散装或非散装集装箱等运输设备必须满足特定的卫生要求，以防止食品受到病虫害的污染和影响。

开展检查、针对卫生运输和污染风险开展培训以及参与者特别是运输参与者之间进行沟通协调，必须贯穿在价值链的各个环节。

温度监测在整个冷链中至关重要，特别是在运输高度易腐烂食品的过程中。这需要使用智能手机应用程序等特定的通信工具收集和分享温度数据和信息，供运输参与者、食品生产商、仓库、贸易商、供应商、市场、超市和餐馆参考。

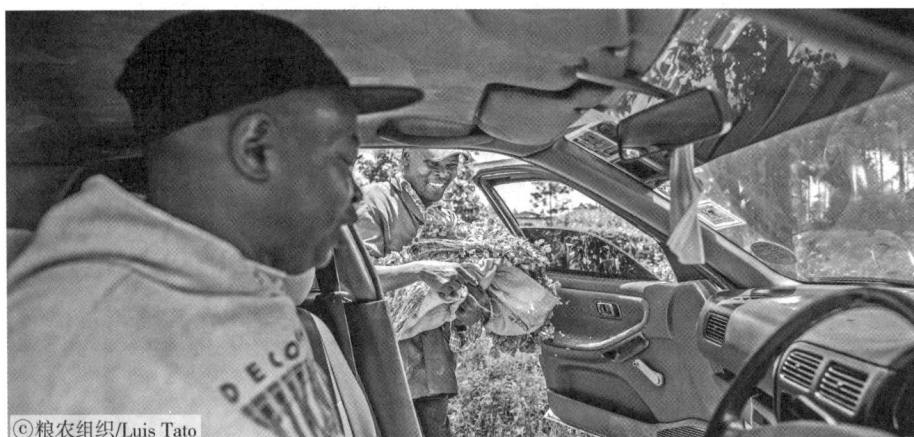

©粮农组织/Luis Tato

案例研究 5.4.3　社区准入伙伴关系研究（ReCAP）

背景和主要挑战

气候变化加大了基础设施、社会和经济方面的挑战，进一步阻碍了农村地区接入公路网、获得市场和服务。这一点在非洲和亚洲的偏远地区尤其明显。在非洲，路网不畅通是一个基本障碍。只有不到40％的农村社区位于维护良好的道路两公里范围内。极端天气事件，如风暴、洪水和干旱，加速了道路条件的恶化，阻碍了人们进入主要村庄和城市中心交换农产品和服务。然而，尽管在世界范围内小农和社区在促进农业发展方面发挥着日益重要的作用，但上述地区对改善道路网络和设备以便将农业生产要素和农产品运送到仓储或市场的重视不足。有限的投资正被用于农村公路建设，提高了获得农业投入以及运输或销售农产品的成本。

这些地区对推广使用合适车辆（卡车比摩托车更合适）的重视程度也很低。这些车辆更容易受到崎岖的路面和不可预测的极端天气的影响。

这不可避免地导致整个价值链的粮食损失和浪费，对粮食安全和农村社区的社会经济可持续性造成不利后果（ReCAP PMU和Scriptoria，2020）。

农村交通运输的气候适应措施实例

社区准入伙伴关系研究由英国政府资助，支持发展中国家的基础设施和非基础设施干预措施，以提高农村交通效率和可达性。该伙伴关系旨在通过改善道路基础设施和运输服务，提升非洲和亚洲农村社区获得经济机会以及公共产品和服务的机会。

该准入伙伴关系项目还包括短期和长期气候适应措施，前者致力于开发高科技道路解决方案，例如气候风险评估、网络系统实施、针对驾驶员的路况监测和指导。社区准入伙伴关系研究开展了一项研究，旨在确定路况和资源评估的高科技解决方案，以应对加纳、肯尼亚、坦桑尼亚、乌干达和赞比亚的极端天气，从而提高偏远地区的可达性、更好地获取工具并开展实践（ReCAP PMU和Scriptoria，2020）。

社区准入伙伴关系研究制定的《气候适应手册》以及有关变化管理、气候风险和脆弱性评估、工程适应性和视觉评估的准则，在交通运输部门实施适应气候变化的做法、技术和基础设施，为强化对气候变化和极端天气的适应性提供了指导和建议。这一系列综合性准则是决策者增强其适应能力并在运输部门建设气候适应性强的基础设施的重要指南（ReCAP PMU和Scriptoria，2020）。

改善道路运输的好处

社区准入伙伴关系对改善农产品生产者进入坦桑尼亚和肯尼亚的农场和市场的情况进行了成本效益分析。降低运输成本和增加农民收入的主要投资机会在于严重受损的道路，这些道路只有在旱季驾驶四轮车才能进入。无论季节性因素和潜在的天气事件如何，公路网都必须畅通无阻，并尽可能靠近农业中心和农村。国家和地方政府与农村社区合作，在确保充分投资以及对资源和技术服务进行补贴方面发挥了关键作用，促进了气候适应性强的农村公路的重建和维护（ReCAP PMU 和 Scriptoria，2020）。

气候风险评估案例：孟加拉国

孟加拉国等国家的沿海地区易遭受气候灾害的影响。例如，洪水影响公路网的使用寿命，而二氧化碳浓度和海水含盐量增加则造成基础设施受到物理和化学性侵蚀。社区准入伙伴关系研究项目与当地政府工程部门一起在孟加拉国进行了研究，以期改善混凝土材料的可持续性和耐久性，用于在易发生海洋洪水的沿海地区修建道路和桥梁。耐久性测试的结果对于确定最具复原力的混凝土混合材料至关重要，促使该合作伙伴关系投资 6 亿美元更换 38 万米受损最严重、受洪水影响最大的桥梁的混凝土。预计未来10 年，孟加拉国还将建造 20 万米长的耐用桥梁，以帮助降低沿海地区数百万人受到极端天气事件影响的可能性。该项目为世界各地面临沿海洪灾风险的其他地区提供了一个具有借鉴意义的典范（ReCAP PMU 和 Scriptoria，2020）。

©粮农组织/J. Belgrave

生产　　　　汇聚　　　　　　加工　　　　　分销

储存和冷藏

生产和收获　　　　　运输　　　　　　　　市场、贸易和消费

加工和包装

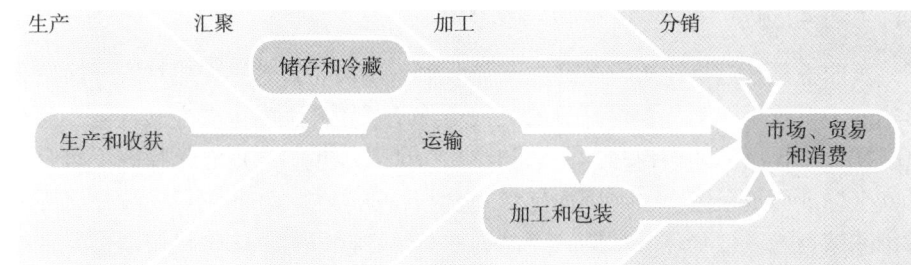

5.5　分销：农产品市场、贸易和消费

气候变化影响了农产品相对于国际市场趋势的销售价格及其营养价值，极大地扰乱了市场和零售业，从而损害了国内国际贸易和消费者的选择（政府间气候变化专门委员会，2022）。上述这些因素影响了安全、健康食品的获取，损害了消费者获得健康均衡饮食的机会，特别是在最不发达国家和全球范围内最脆弱的社区（Fanzo 等，2018）。

5.5.1　农产品市场中的气候风险

当可供销售的农产品数量和质量下降时，零售商的收入就会受到影响。当农产品在市场上储存超过保质期时，食品变质和污染的风险也会增加（粮农组织，2018）。农业粮食价值链的相互关联性意味着该链各个阶段的气候影响最终都会影响市场、贸易和消费。暴雨和极端气温可能会阻碍市场基础设施的使用，特别是在最不发达国家和小岛屿发展中国家（SIDS）最脆弱的地区。农村地区由于缺乏淡水系统或冷藏设施，尤其受到薄弱且不完善的零售基础设施的影响，从而影响食品质量和安全，并导致食品变质和浪费（Fanzo 等，2018）。例如，2019 年，飓风"多利安"和巴哈马洪水事件扰乱了超市、仓库、当地金枪鱼供应链基础设施和饮用水设备。最不发达国家的农产品市场通常缺乏足够、安全的基础设施来防止额外的食品变质和浪费现象，而这是满足健康和安全标准并减少极端天气事件影响所必需的（Fanzo 等，2018）。

Liverpool‐Tasie 等（2020）探讨了气候对尼日利亚玉米和家禽贸易的直接和间接影响。其结论是，高于最佳温度、生产期的洪水事件、高相对湿度、储存期间的霉菌污染以及扰乱运输的极端天气可能会影响市场上可用农产品的最终数量和质量，从而增加成本和价格。此外，洪水对能源系统和基础设施造成的破坏也会直接影响市场和物流。

65

5.5.2　农产品贸易中的气候风险

黄曲霉毒素污染主要发生在农产品收获后阶段，是气候变化对农产品贸易影响的一个重要因素。不可预测的天气条件增加了此类霉菌毒素的含量。这种情况在撒哈拉以南非洲地区的谷物和花生中尤其严重。当地农作物因不符合粮食安全标准而被拒绝出口，因而导致粮食和经济损失。在非洲，受黄曲霉毒素污染并被拒绝进行全球贸易的农产品通常在生产国以较低的价格被消费。这些国家的法规和标准较为宽松，存在消费者急性中毒的风险（Leslie 等，2008；Wu，2015）。

气候变化、气候变异和极端天气对自然资源供应、作物产量和粮食稳定性的影响结合在一起，影响了整个价值链中农产品交易和销售的价格。

价格的变动反过来促使国内农业生产力下降，催生进口粮食的需求（见案例研究 5.5.1）（粮农组织、国际农业发展基金、联合国儿童基金会、世界粮食计划署和世界卫生组织，2021）。从地方到国家层面再到全球范围内，都能看到相关趋势，这影响着各国的进出口系统和国民收入（政府间气候变化专门委员会，2022）。根据 Anbumozhi（2020）的研究，由于气候变化影响当地和周边环境，发展中国家更容易受到当地粮食供应变化而非国际市场价格变化的影响，这使得生产不可持续，对于小农而言尤其如此（见案例研究 5.5.2）。

突尼斯的谷物行业就是一个鲜明的案例。从生产和消费角度而言，硬粒小麦是该国最重要的谷物作物，维持着人类和牲畜的生存。因此，它得到了大量补贴。然而，由于气候影响，突尼斯的谷物生产目前出现产量和价格波动，对生产者收入和消费者购买力产生负面影响。在贸易壁垒（特别是进口壁垒）以及国内生产和消费的激励措施中，如果生产受到天气冲击的影响，从而降低生产者竞争力并影响了消费者获得产品，市场可能变得不可持续（Laajimi 等，2016）。

在中亚地区，负面天气事件冲击对大宗商品价格产生深远影响。例如，小麦产量、库存和供应短缺，再加上低温和降水导致灌溉用水不稳定，直接影响小麦和马铃薯价格（Mirzabaev 和 Tsegai，2012）。

5.5.3　农产品消费中的气候风险

整个农业粮食价值链上的气候影响会对可供消费的农产品数量和营养价值、淡水的供应和卫生状况、健康风险和疾病传播产生一系列不利后果，影响粮食的供应、获取、利用及其稳定性（粮农组织、国际农业发展基金、联合国儿童基金会、世界粮食计划署和世界卫生组织，2021）。事实上，气候对农产品生产以及价值链上水和能源资源使用的影响增加了农产品加工等增值活动的成本。对于消费者而言，这提高了产品的市场价格，降低了他们的购买力和其饮食的多样性，增加了粮食不安全以及随之而来的营养不良或营养不足的风险（Mbow 等，2019）。

天气对农产品市场和零售业中消费者的行为有直接影响。天气情况的变化会相应增加或减少消费者数量，这是由于天气会影响人类的行为和情绪。而人类的情绪可能对总需求以及特定农产品的购买产生重大影响（Bujisic 等，2016）。例如，气温的变化会很大程度上影响消费者对餐馆的选择。不同的天气因素会影响产品的销售，因为有些商品比其他商品更容易受到天气的影响。例如，气温升高往往会增加饮料的销量（WeatherAds，2021）。高温还可能促使零售商为消费者提供更优惠的易腐烂农产品，否则这些农产品可能会在商店中滞销并被浪费。例如，希腊的农产品价值链一直面临营销挑战，目的是吸引消费者在年内持续购买桃子。希腊的气候出现炎热和寒冷天气交替的周期较长。虽然全年桃子供应充足，但只有在温暖时期，桃子的需求才会很高，在需求低迷时期会造成大量损失。因此，天气引起的消费者需求和购买决策的变化给农民和贸易商带来了巨大障碍，他们需要适应这些变化，以控制粮食浪费和经济损失（Despoudi，2021）。

5.5.4 农产品贸易中的气候服务

数字技术及信息和通信技术为加强生产者和市场之间的沟通和合作提供了新的机会，从而提高了他们依据气候条件作出灵活决策的能力。因此，出口国可以从气候对产量的影响以及国内和国际粮食供应趋势的季节性咨询服务中受益（Anbumozhi，2020）。这将使它们能够制定更合适、更透明和更具竞争力的价格，并提高它们与中介机构和终端市场合作的决策和管理能力（见案例研究5.5.3）（粮农组织，2018）。此外，此类咨询服务还可以根据地区和全国的价格趋势向农民建议最合适的收获和销售产品的时机（Njuguna 等，2021）。

结合基于天气的市场信息，农产品价格和天气保险计划可以帮助保护农民和粮食贸易商免受极端天气事件的影响，这些事件会影响当地和国际市场的作物产量和最终粮食供应（Fu 等，2018）。针对天气风险的价格保险可以确保价值链参与者获得持续收入，最大限度减少价格波动，并在出现极端天气事件和气候变化时保持对农产品生产和贸易的足够投资水平（Mirzabaev 和 TSegai，2012）。

5.5.5 农产品市场中的气候服务

市场和超市提升对消费者需求和粮食供应之间关系的认识，有助于确保商店和零售网点的农产品库存保持在合适范围内，保证产品的新鲜度，并避免粮食浪费。由于销售量预测与粮食供应链上的气候影响有关，咨询服务可以帮助生产者、加工商、运输商和供应商管理库存，并降低因农产品受损而产生的成本（Wang 等，2018）。收获农产品后，在设施和技术更难获得的情况下，气候服务还可以使生产者、农产品储存参与者和零售商延长产品贮存期限。这可以通过引入更耐受、更适应当地天气条件的耐用品种来实现，以减少零售阶段的粮食浪费现象（见案例研究 5.5.4）。

然而，由于农场、道路、村庄、电力和互联网基础设施在地理上的分散性，价值链各环节活动之间的联系中断，阻碍了小农农业转变为以市场为基础的农业生产和可持续性农村发展（Okello 等，2013）。在农业粮食价值链的末端，参与者通常更了解气候和经济风险，因此他们应该利用自己的专业知识鼓励价值链前端的参与者减少气候影响和粮食损失（Liverpool - Tasie 等，2020）。然而，这是一个巨大的挑战，特别是在发展中国家，小农户不直接参与农产品收获后相关活动，因此不知道如何应对气候灾害，无法利用气候适应性强和价值增值的做法减少粮食损失并提高产品质量，或从事营销和贸易（Okello 等，2013）。由于缺乏电力、储存和加工设施，购买设备和劳动力的财政资源紧张，再加上信息和通信不足，农民往往需要接受贸易商设定的价格，以便在收获后立即出售他们的粮食。但就盈利而言，这可能不是最佳选择。

由于价值链参与者之间缺乏合作，市场或零售部门对气候变化的脆弱性也随之加剧。这降低了可供出售和分销的粮食的数量和质量。在最不发达国家，农业粮食价值链上的参与者之间缺乏沟通和信息交流的现象司空见惯，并可能成为可持续农业粮食价值链的主要障碍。信息共享不足可能会减少加强关键利益攸关方之间伙伴关系的机会，从而影响在价值链各个环节为用户提供个性化的有效气候服务。因此，在价值链上进一步整合利益攸关方的价值观和需求，将有助于改善农产品系统，加强小农户和大型零售商之间的合作，并为气候服务更好触及用户且以更协同的方式交流有用信息创造条件。

使用移动电话等个性化的信息和通信工具来接收最新的天气信息，对于降低粮食生产者的脆弱性至关重要。这使生产商能够与贸易商进行交易和谈判，并确保产品定价透明，这样他们就可以根据生产和贸易做出决定，与季节性预报保持一致，并更有效地应对天气冲击，以防止价值链上的粮食和经济损失（Furuholt 和 Matotay，2011）。

5.5.6　农产品消费中的气候服务

天气营销是一种创新性的营销策略形式，它分析天气条件与消费者对不同产品的需求之间的关系（WeatherAds，2021）。温度预报、实时天气数据和对天气的需求分析使超市、餐馆和广告商能够根据不同天气条件下消费者需求的变化选择最合适的配料、菜单、促销和定价策略，从而最大限度地提高销售额并减少农产品浪费（Bujisic 等，2016）。例如，在英国和美国，当气温上升到 18℃以上时，超市积极适应需求增加新鲜、冷藏食品和饮料的销售，而当气温下降时则增加温热食品和汤品的供应（WeatherAds，2021）。

此外，Lim–Camacho 等（2017）在澳大利亚进行了一项研究，即关于支持适应气候的农产品选择。该研究显示，向消费者提供关于农产品价值链上气候适应策略的相关信息，是提高他们对气候风险的认识以及培养他们对具有气候适应能力的农产品偏好的关键。这进一步凸显了宣传气候危害和影响相关信息的重要性。这些危害和影响可能破坏粮食质量、数量和安全，并降低价值链参与者提供气候服务和气候适应做法以减少这种风险的机会，从而造成粮食不安全状况。这不仅对当地参与者如此，对国际消费者也是如此。

预警系统，如欧盟实施的粮食和饲料快速预警系统（RASFF），是旨在维护粮食安全、控制风险和迅速共享信息的强大工具，以协调处理粮食销售和消费的健康和安全风险。信息在网上以系统、快速和透明的方式进行交换。例如，当在粮食或饲料中检测到对人类健康或粮食安全的威胁时，粮食和饲料快速预警系统网络立即将信息传输给欧盟委员会，欧盟委员会随后通过快速通知系统与其所有成员国进行沟通。之后，成员国通知欧盟委员会它们对此采取的措施，以阻止相关产品的销售和消费，将产品下架，并将预警信息传达给粮食经营者和消费者（粮食和饲料快速预警系统，2016）。

©粮农组织/Pedro Costa Gomes

粮食市场、贸易和消费的气候风险、服务和应对措施见表 5-5。

表 5 - 5　粮食市场、贸易和消费的气候风险、服务和应对措施

价值链的阶段	气候风险	气候服务	应对气候变化的措施
市场、贸易和消费	极端高温	热度指标值和预警	• 增加含水量高的农产品和饮料的供应
	病虫害、农产品污染	农产品污染预警系统	• 确保适当的作业卫生和清洁工作 • 针对特定农产品消费后引发的投诉或导致的疾病，在市场层面对发现的消费者健康风险进行预警 • 责成立即启动产品市场召回程序，中止全渠道分销，并通报供应链各环节该产品不符合健康与食品安全标准的要求
	气温和降雨模式的变化	季节性预报	• 为气候对产量的影响和国际国内粮食供应的变化提供季节性咨询服务，使价值链参与者能够为国内市场和出口制定透明和有竞争力的粮食价格
	强降水	极端降雨预警	• 建立高效的雨水收集系统，如雨水集水箱、抽水泵和净化器 • 利用信息和通信技术加强价值链上参与者之间的沟通和信息共享
	洪涝	洪灾预警	• 完善预警系统，加强防汛抗灾，降低灾害风险 • 制定防洪措施，例如使用木托盘储存农产品，保持与墙壁的距离并注重卫生 • 建造符合可持续结构要求和标准的防洪基础设施（根据洪泛区的特点选择合适的位置，选取恰当的尺寸和类型，建造适宜的屋顶坡度和檐口，并确保坚固的建筑基础） • 推广雨水收集系统，如雨水集水箱、抽水泵和净化器；使用晾干架并维护雨水排水系统

资料来源：粮农组织（2021e）。

©Pexels/Daniel Reche

≫

🔍 案例研究 5.5.1　巴西干旱对全球咖啡价格的影响

案例背景

巴西是主要的咖啡生产国和出口国。气候对咖啡生产的影响对全球咖啡的销售产生了连锁效应。2021 年，巴西的咖啡作物在生长季节后期遭受了

长期干旱，特别是在该国主要的农业地区米纳斯吉拉斯州（Minas Gerais）。这一灾害导致农产品批发价格上涨，造成世界范围内咖啡供应量大幅减少。由于此次干旱导致早花现象，并阻碍了咖啡树在 9 月雨季来临前自我修复，这一事件可能还会影响 2022 年的收成（Daniel，2021）。

在巴西的干旱指数和降水监测数据中，其土壤水分水平明显处于持续较低的状态（Gro Intelligence，2021）。

此外，干旱之后是霜冻，其主要影响明年的作物生长。阿拉比卡咖啡的价格比 2020 年上涨了 60%（图 5 - 2）。再加上巴西产量每两年周期性减少 10%，新冠疫情导致的供应减少加剧了产量的下降，这增加了设备和农产品运输成本，导致全球供需中断。

总体而言，巴西咖啡生产者更多地获得有关全球需求和价格变化的国际市场信息，将提高农民的决策能力，有助于其预防性地选用气候适应性更强的品种，并适应气候和市场变化。

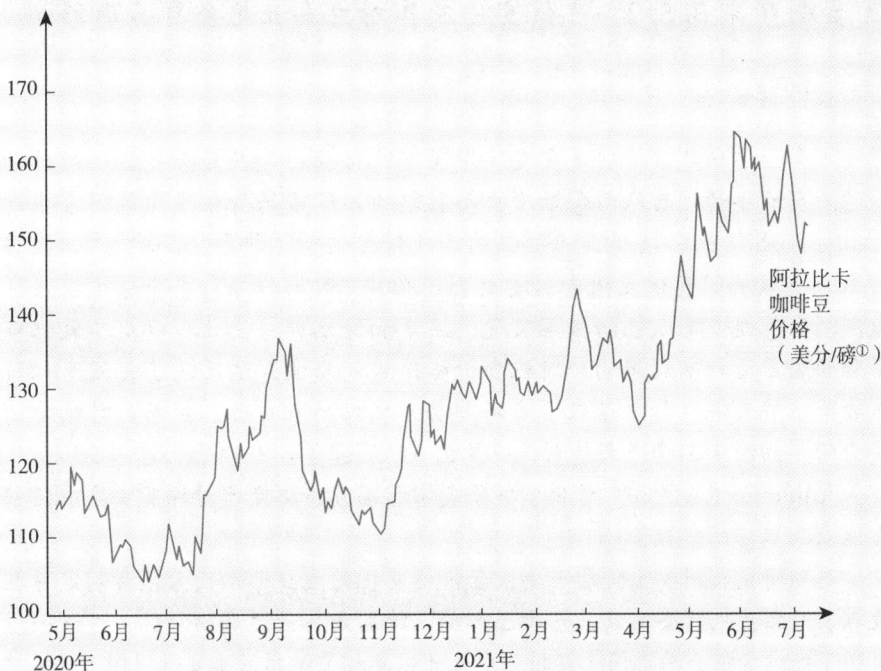

图 5 - 2 2020—2021 年阿拉比卡咖啡豆价格变化

资料来源：Evans P.，2021，巴西创纪录的干旱导致咖啡价格飙升至多年来最高水平，CBC [在线]，[2021 年 8 月 2 日]。www.cbc.ca/news/business/brazil - coffee - drought - 1.6096120

---

① 1 磅≈0.454 千克。——编者注

©Pexels/Ryutaro Trukata

🔍 案例研究 5.5.2　气候变化及其对东南亚粮食贸易的影响

案例背景

粮食价格稳定（特别是在发展中国家）往往由气候和天气变化对作物产量的影响推动，而非由金融冲击而引起的国际市场价格变化等因素推动（Anbumozhi，2020）。自联合国政府间气候变化专门委员会第四次评估报告（AR4）（政府间气候变化专门委员会，2007）发布以来，在全球主要产区监测到了气候灾害（包括极端天气、温度和降水模式变化，以及二氧化碳对作物生产力的不利影响）对粮食价格造成的影响。这反映了气候变化与粮食价值链表现（特别是粮食市场趋势）之间的相关性。然而，对粮食购买力的详细经济影响还有待系统地量化（Porter 等，2014）。

Anbumozhi（2020）量化了气象灾害和国际价格变化对许多发展中国家当地商品市场的短期影响。

这项研究表明，气候是当地粮食价格变化的主要驱动因素，对制定旨在改善农产品系统的公共政策产生了影响，特别是在最脆弱的社区。这进一步说明了继续加强公共部门干预措施中天气信息相关举措的重要性（图 5-3）。

粮食市场不仅很大程度上受到国家生产能力的影响，而且还受到进出口决策和机会的影响。事实上，气候变化对邻国粮食供应的影响会影响粮食价格，增加其他生产国的市场机会。随着东南亚国家联盟（东盟）国家对大米需求的增加，中国和印度的情况就是如此。气候对作物生产力的影响表明，到 2050 年，与没有气候变化的情况相比，大米价格将上涨约 30%，小麦价格将上涨 80%～100%，玉米价格将上涨 60%～90%，大豆价格将上涨 15%～50%（Anbumozhi，2020）。

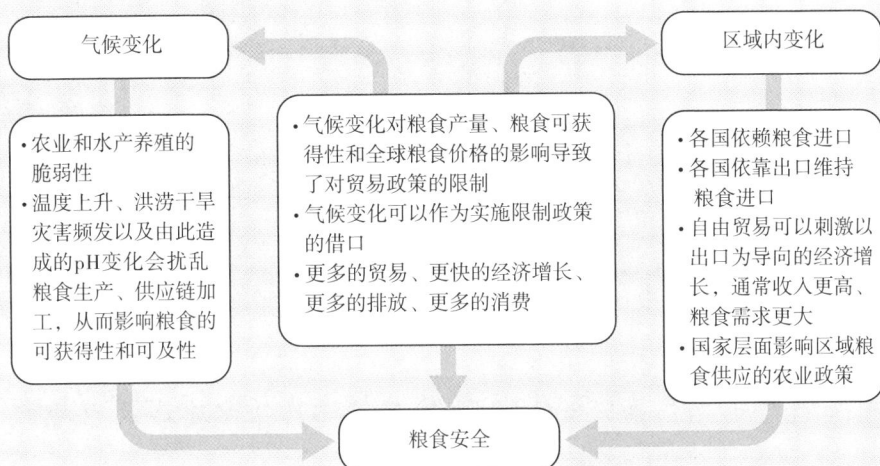

气候变化

区域内变化

- 农业和水产养殖的脆弱性
- 温度上升、洪涝干旱灾害频发以及由此造成的pH变化会扰乱粮食生产、供应链加工，从而影响粮食的可获得性和可及性

- 气候变化对粮食产量、粮食可获得性和全球粮食价格的影响导致了对贸易政策的限制
- 气候变化可以作为实施限制政策的借口
- 更多的贸易、更快的经济增长、更多的排放、更多的消费

- 各国依赖粮食进口
- 各国依靠出口维持粮食进口
- 自由贸易可以刺激以出口为导向的经济增长，通常收入更高、粮食需求更大
- 国家层面影响区域粮食供应的农业政策

粮食安全

图 5-3　气候变化、贸易和粮食安全的联系
资料来源：Anbumozhi（2020）。

建议和投资机会

这意味着需要更好地评估气候和天气灾害对粮食稳定、市场和消费的影响，特别是在发展中国家和经济最脆弱的地区。

迄今为止，与分析国际贸易对粮食稳定的影响相比，这些问题受到的关注较少。为此，应将有关粮食价格变化的信息与有关作物状况和天气预报的遥感数据结合起来，以了解它们与当地市场混乱、粮食供应和稳定性之间的关系。

©Pexels/Ryutaro Tsukata

73

©Pexels/Pixabay

案例研究5.5.3 厄尔尼诺/拉尼娜现象对全球小麦市场的影响

案例背景

全球范围内小麦是为人类饮食提供植物蛋白和卡路里的关键主食，在全球市场上与玉米和水稻并驾齐驱（Gutierrez，2017）。

Gutierrez（2017）确定了厄尔尼诺-南方涛动（ENSO）现象对小麦产量、出口价格和库存的影响，以及对全球最脆弱国家和地区小麦供应、对各国政府的影响的关键要素。

厄尔尼诺-南方涛动是热带太平洋的一种周期性海洋大气现象，由两个相反的天气事件组成，分别被称为厄尔尼诺和拉尼娜。前者导致赤道东太平洋海洋表面温度上升，以及南美洲、北美洲和东非的暴雨，同时造成澳大利亚、印度和印度尼西亚的干旱。后者导致赤道太平洋海洋表面温度下降，西太平洋和澳大利亚出现暴雨，以及北美地区温度降低（Gutierrez，2017；世界气象组织，2014）。

厄尔尼诺-南方涛动对全球气温和降水趋势有较大影响。厄尔尼诺现象对小麦产量产生了负面影响，特别是在澳大利亚，但对阿根廷和欧盟国家却带来了积极影响。相比之下，拉尼娜现象整体上对包含美国在内的更多国家造成了更大的负面影响。研究人员观察到厄尔尼诺-南方涛动的发生与豆油和植物油价格之间的相关性，例如，豆油和植物油价格在厄尔尼诺事件期间上升，而在拉尼娜事件期间则下降。

利用气候服务的好处、建议和投资机会

因此，Gutierrez（2017）提出了一个全球动态模型，能够预测厄尔尼诺-南方涛动对降水和气温的影响，以支持对小麦产量和出口价格进行预估，以便各国政府能够为进出口设定最适当的数量和价格，最大限度地减少粮食损失，并最大限度地增加供应商和消费者的经济机会。

©Pexels/Marcus Spiske

〉〉

🔍 **案例研究 5.5.4　引进抗性番茄品种促进印度小农进入市场**

背景和主要挑战

作物育种为改善粮食安全状况以及减少粮食价值链对环境的影响提供了机会。例如，作物育种有助于开发高产品种，这些品种耐干旱、耐热且更耐病虫害或具有延长产品贮藏寿命的特性。

德国拜耳股份公司（Bayer AG）进行的一项研究（2021）显示，印度引进了一种改良作物品种（拜耳的阿尤什曼番茄品种），以期显著提高番茄产量。事实证明，这一改良是成功的。然而，由于该品种贮藏寿命有限，其在收割期后的供应链中较脆弱，因而销售和消费机会减少，且在收割后尤其是在运输到偏远市场的过程中损失较大。上述弊端大于更高产量带来的好处。

引进具备复原力品种的好处

在此背景下，另一个新的番茄品种被培育出来，并被引入印度市场。它的贮藏寿命更长，使其能够更好地克服发展中国家农村地区经常存在的粮食收割后供应链技术含量低所带来的挑战。

种植这一品种后，农产品单产增加了 25%，粮食供应量增加，可将更多番茄交付给市场。

通过农业链温室气体排放量（ACE）计算器分析产品生命周期（2021）的粮食浪费和粮食损失显示，出售给消费者的单位粮食的温室气体排放量减少了 20%～30%。

事实证明，经过改良的番茄品种在改善粮食安全状况和减缓气候变化方面取得了成功。然而，该农产品的较高价值只惠及价值链收割后阶段的参与者，特别是农村市场的贸易商和市场卖家（几乎都是妇女）。培育这种改良品种需要投入更高的生产成本。这一成本最终由种子生产商和农民承担。

建议和投资机会

在印度，作物育种已被证明是提高粮食价值链对气候变化适应性的有效手段。尽管如此，对于价值链初始阶段的参与者来说，作物育种会产生额外成本，需要予以抵消。因此，作物育种需要与开发适当的商业模式相结合，在这种模式下，价值链初期的参与者因其较高的生产成本而得到补偿。

6 为农业粮食价值链提供的
跨领域气候服务

©粮农组织/T. Ogolla

本报告提出了一套初步的系统化方法，用于识别农业粮食价值链特定环节的气候风险。针对价值链各环节主体需求定制的气候服务，对提升全链条气候韧性具有明显潜力。为此，需要将气候服务作为一套独特且协调的系统整合到农业粮食价值链中，以明确不同主体与生产活动在实现气候韧性过程中的关联性和协同效应。必须强调的是，唯有全链条各环节主体的协同合作（而非单点干预），方能确保气候行动贯穿价值链始终。

在宏观层面，跨领域气候服务能够帮助政策制定者和决策者以协同方式协调农业粮食价值链各主体之间的气候适应型活动与伙伴关系，从而提升全系统应对气候变化的能力（见案例研究6.1）。例如，针对长期商业战略和大规模国家政策制定战略开展气候风险评估，有助于评估目标价值链主体的整体社会经济脆弱性和适应能力。通过为农业粮食价值链各环节提供定制化建议（见案例研究6.2），这项工作能够支持气候风险管理实践的实施。为实现这一目标，公共机构必须与农业技术推广部门通力合作，着力提升用户正确运用气候服务的能力，确保其决策充分考量气候因素。为此，需要面向全价值链各环节主体提供参与式技术培训（见案例研究6.3）。教育培训还将提升各方对粮食安全四大支柱（供应、获取、稳定和利用）相关风险及后果的认知。此举还有利于加强价值链所有主体间的协同效应与联络合作（O'Grady等，2020；粮农组织，2021b）。

提高小型生产者的气候变化韧性意味着增加其获得金融服务的机会，并激励私营部门对其产品进行投资。公共和私营利益相关者完善气候信息金融服务的方法是：提供应对极端天气事件的保险，为基于气候服务做决策的价值链参与者完善获得信贷和资金的途径。这将控制实施气候韧性干预措施的成本，提高其农产品从生产到市场的利润率（见案例研究6.4）。最后，将气候服务与金融、市场导向以及综合咨询服务（如价格波动、健康与疫情等信息服务）相结合，提高应对复合气候风险和社会经济风险的能力，增强韧性，并通过投资适应行动来实现发展目标（见案例研究6.5）。

© 粮农组织/Victor Sokolowicz

© Pexels/Pixabay

≫

🔍 案例研究6.1 增强可可价值链气候韧性的公私合作伙伴关系

背景

全球可可供应链集中在可可的生产环节，其生产环节由西非的小农户完成，特别是加纳的小农户。该国受气候变化和变异性的影响较大，对价值链的运行也产生了重大影响。为此，在气候变化、农业和粮食安全研究项目（CCAFS）的支持下，国际热带农业中心（CIAT）和国际热带农业研究所（IITA）共同推动了一项课题，旨在调动金融机构、农业和气候专家以及认证机构等私营部门的力量，将气候行动融入加纳可可价值链体系（气候变化、农业和粮食安全研究项目，2015）。

该项目的目标是通过将气候科学和气候智慧型农业实践融入雨林联盟自愿认证体系及粮食价值链干预的投资风险评估中，将气候信息转化为实用指导和策略，为农户及其他价值链参与者，如农业企业、交易商、认证机构和金融机构，提供支持（气候变化、农业和粮食安全研究项目，2015）。

相关经验

项目结果表明，国家和跨国私营部门伙伴需要更全面的信息，以了解气候变化及其对可可价值链的影响，例如通过使用风险暴露图来提供这些信息（气候变化、农业和粮食安全研究项目，2015）。

与可可价值链参与者讨论的一个结果是，干旱对链条上的每项活动都产生了影响。在生产阶段，干旱直接导致可可的产量减少。

供应商、加工商、运输商和许可证购买者则受到间接影响，因为肥料、收获和存储设备等需求减少，最终导致产品的销量也随之减少，且加工等增值活动带来了价格的上涨。咖啡价值链参与者获取的早期预警信息和干旱处理方法有限，供应商和运输商是最受影响和最缺乏信息的人群，而农民主要依靠非正式信息。因此，使用早期预警系统可能有助于多方利益相关者监控活动，并提高预防干旱等气候灾害对经济影响的能力（Joerin 等，2018）。

瑞士联邦理工学院的一项研究表明，干旱早期预警系统的发展及气象和农业相关保险的保障，对确保加纳利益相关者在收获前实现稳定的可可产量，在收获后保持稳定的活动和稳定的国际市场价格至关重要，从而增强了其气候韧性（Monastyrnaya 等，2016）。

瑞士研究项目的利益相关者研讨会结果显示，尽管农民和农村工人更依赖非正式的沟通渠道，但广播和电视依然是传播干扰信息和紧急状况的主要工具。总体而言，农民为提高生产效率，对农业技术推广服务的需求与日俱增，但早期预警系统、通信网络、农业官员以及经济和人力资源的分配、交通方式等总体效率仍然较低（Monastyrnaya 等，2016）。

≫

©Pexels/Galileo Giglio

🔍案例研究6.2 量身定制的金融服务与气候风险管理建议，旨在帮助政策制定者将小农户与根茎类作物市场联系起来

背景

非洲居民20％的热量摄入来源于根茎类作物，诸如木薯、山药和土豆等作物不仅对粮食安全至关重要，还越来越成为农民和小企业，尤其是女性的收入来源。

在此背景下，粮农组织与欧洲联盟（EU）、非洲、加勒比和太平洋地区国家集团（ACP）开展合作，于2015—2019年支持了七个非洲国家（贝宁、喀麦隆、科特迪瓦、加纳、马拉维、卢旺达和乌干达）木薯和马铃薯价值链的发展，实施了非洲根茎类作物（ART）项目。为了实施该项目，粮农组织采用了一种综合方法，旨在提高作物产量并改善粮食产品的质量。

主要挑战

自2015年起，该项目提升了小农户、加工商和贸易商的能力，以应对日益增长的市场需求，同时开发了包容性商业模式，强化了价值链的联系，并扩大了市场准入。然而，尽管该项目在促进市场对接和小规模经营者实施根茎类作物可持续集约化生产方面取得了积极成果，但最终发现，仅提升能力和促进关系可能不足以使农民突破自给自足的农业模式。

诚然，相对于非洲的其他农作物，尽管越来越多的研究瞄准木薯类根茎作物在土壤贫瘠和干旱方面的耐受性，但木薯产量依然遭受气候变异和变化以及自然灾害引发的负面影响。

气候服务的好处

在马拉维，非洲根茎类作物项目与世界粮食计划署、国家气候变化与气象服务局合作，提升了推广官员和木薯农民领导者使用参与式工具的能力，能够根据天气条件、牲畜状况以及农户个体的生计情况与环境，开发和改良木薯及其他作物品种。在乌干达，该项目为爱尔兰马铃薯行业开发了特定的气候变化适应课程，该课程使用当地语言编写（包括气象术语），并提供了简单易懂的操作指南和针对特定地区的气候风险管理策略（CRM），以帮助马铃薯农民应对气候变化。

相关经验、政策建议和投资机会

通过分析气候变异对特定非洲国家根茎类作物产量的影响，特别是木薯生产的影响，该项目与七个所在国的气象机构合作，为各级参与者制定了一套政策建议和气候风险管理战略，以减轻小农在气候方面的损失。为这些领域设计新的气候风险管理（CRM）措施或强化现有措施——某些情况下其作物比其他领域更具抗逆性——或将对改善非洲脆弱国家的粮食安全产生积极催化效应。

作为该项目的一部分，为政策制定者提出的建议包括：

- 将气候风险管理纳入农业发展政策和规划中，预测、预防或更有效地管理生产危机；
- 制定一项具有包容性的气候服务战略，结合投资来完善中央和地方的气候信息系统；
- 在各级农业部门中开展关于气候建模、风险评估和管理工具的能力建设；

©粮农组织/Giulio Napolitano

- 鼓励私营部门在气候风险管理中积极发挥作用；
- 定期组织根茎类作物价值链主导者、国家气象局（NMAs）、正式和非正式金融机构以及保险公司之间的对话，制订满足小农户和根茎类作物价值链加工商需求的保险计划。

©粮农组织/Luis Tato

≫

案例研究6.3 气候韧性型农业综合企业助力未来发展项目——东非（CRAFT——东非）

背景

国际农业研究磋商组织自2018年6月以来通过私营部门在肯尼亚、坦桑尼亚和乌干达，实施了气候韧性型农业综合企业助力未来发展（CRAFT）项目（气候韧性型农业综合企业助力未来发展项目，2020）。

该项目的总体目标是通过整合价值链的各阶段（从种植前到收获后处理），促进包容性气候韧性农业粮食系统的发展。到目前为止，该项目关注了七种作物及其价值链：菜豆、绿豆、马铃薯、芝麻、高粱、大豆和向日葵。

该项目的具体目标是：

• 提高农民和农业企业采用气候智慧型农业实践和技术的频率；

• 增加对气候智慧型农业价值链的投资，实现业务增长；

• 创造有利环境，确保市场驱动的气候智慧型农业得到大规模推广。

该倡议旨在推广气候韧性型粮食生产实践，总面积达到60万公顷（每个国家至少20万公顷）。

该项目的干预措施主要包括推动农业企业与小农户签订农业合同，旨在激活和促进价值链上气候智慧型服务、技术和投入的获取，为气候智慧型农产品开辟市场。

使用气候服务的好处

气候服务项目包括气候风险评估（CRAs），涵盖风险发展趋势、影响、预测以及气候变化对特定价值链影响的相关知识。这些评估由农业企业合作伙伴及其签约农民实施，特别关注女性和青年群体（荷兰志愿者基金会，2019）。

气候风险评估是为适应气候和天气变化而识别合适措施的起点。气候服务包括针对特定生计生成的气候信息（如温度和降雨量），用于地方决策以及价值链和国家的指数型保险。气候风险评估结果将根据气候和商业相关情况来得出，并为农业合同签订方提供商业发展咨询。这些策略有潜力惠及面向价值链的各个环节，如服务提供商、生产者、集成商、加工商和经销商。

该项目的目标受众主要是农民合作社和中小型农业企业，以及每个价值链中的签约小农户，包括服务提供商和决策者。该项目锁定约 50 家中小型农业企业和 30 家农民合作社，为 30 万小农户提供创新的气候智能解决方案。该方法旨在通过包容性商业举措使生产系统和价值链具备气候适应能力。

该项目于 2018 年 6 月启动，持续至 2023 年 5 月，目前已覆盖了 36 家农业企业（包括 29 家中小企业和 7 家农民合作社），与目标国的 237 250 名小农户签约。

签约的农业企业合作伙伴价值链涵盖以下作物：向日葵（10）、大豆（9）、马铃薯（5）、高粱（6）、菜豆（3）、芝麻（2）和绿豆（1）。在整个价值链中，农民从培训和交流学习中获得气候智慧型方案和技术并将其用于实践。

同时，已有 41 290 名小农户获得了气候智慧型农业培训机会，气候信息服务已经覆盖了 60 084 名农民（其中 49% 为女性）。气候智慧型农业方案和技术已在 29 060 公顷的农田上得到了应用。

该项目正在与国家气象机构合作，面向 6 万小农户传播天气信息。

相关经验

该项目的主要优势包括：汇集了不同合作伙伴的专业知识和经验，利用了私营部门的参与和投资，对相关政策产生影响并使气候计划得以实施。其弱点包括与公共部门的联系不够紧密，为农业企业确定可行的商业提案时耗时较长。

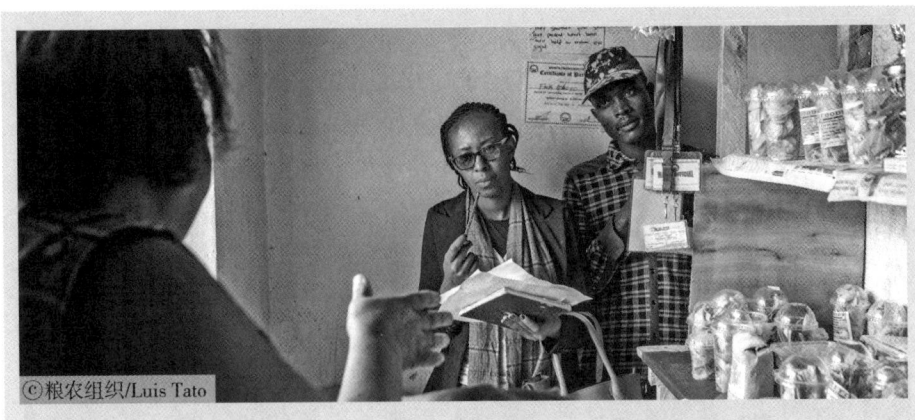

©粮农组织/Luis Tato

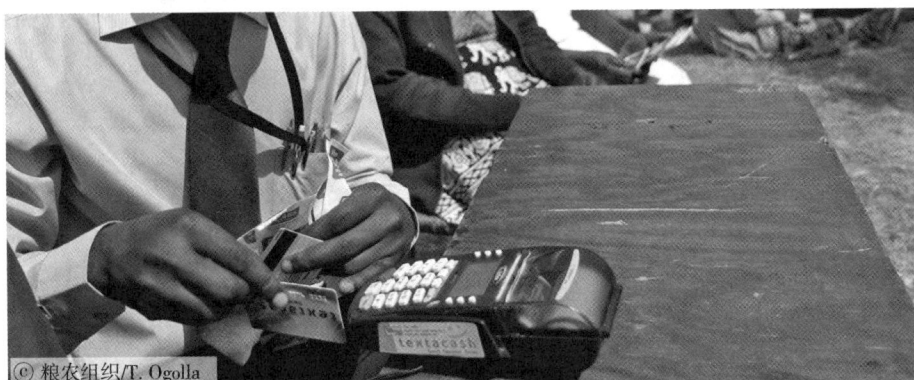

© 粮农组织/T. Ogolla

≫

案例研究6.4 撒哈拉以南非洲的农业和气候风险企业（ACRE）

背景

农业和气候风险企业是一个由多方公私合作伙伴在撒哈拉以南非洲地区合作开发的天气指数保险项目，这些合作伙伴包括保险从业者、农业企业、小额信贷机构、非政府组织和投入品供应商（粮农组织，2020a；农业和气候风险企业，2020）。它是全球第一个也是最大的通过定制分销渠道和移动电话技术（包括移动银行）向小农户提供天气保险产品的项目。

农业和气候风险企业提供不同的产品，包括：

• 由小额信贷机构提供的用于农业投入品投资和贷款的保险。该计划还包括小额信贷专家对农民进行的农事实践培训。

- 第二种保险产品涵盖了一个过程，即农民从种子公司购买种子，通过短信中的特定代码在农业和气候风险企业注册。如果种子在播种后两周内因干旱受损，种子公司将保证在同一季节重新种植，以确保农民不会错过该作物的播种季节。
- 混合指数和多风险作物保险产品结合了基于产量和天气指数的保险，覆盖了从发芽开始的整个作物生长周期，提供了一种增值服务，比传统保险方法更全面地支持农民。

使用气候服务的好处

2012 年的一项研究发现，有保险的农民比没有保险的农民虽然多投资了 19%，但也带来了相应的经济效益：收入增加了 16%。截至 2018 年，肯尼亚、卢旺达和坦桑尼亚已投资近 2 亿美元，为约 200 万农民提供天气灾害保险。

另一种可替代的保险形式是智能合约，尽管它能降低农业保险成本，但小农户通常仍难以负担。例如，这类保险会基于气象观测站、卫星和遥感设备提供的天气信息，结合区块链技术，助力公司做出气候智慧型决策，确保农民在特定且经过准确评估的气候风险下及时获得赔偿。

因此，农业和气候风险企业（ACRE）还与 The Lab、Sprout Insure 和 Etherisc 合作，创建了"区块链气候风险作物保险"，以覆盖非洲的小农户。该保险产品与当地天气挂钩，在极端天气事件发生后自动激活，提高了基于天气因素支付保险的效率和透明度，同时也降低了保险公司的成本，为农民和保险公司带来了双重经济效益。

©粮农组织/Max Valencia

≫

案例研究 6.5 新冠疫情（COVID-19）流行期间的气候服务

背景

新冠疫情已成为导致全球农业粮食价值链和粮食安全紧张的关键因素。由于各国限制流动，价值链参与者之间的联系受到干扰，严重影响了粮食运输和市场网络，对粮食安全最脆弱的地区产生了严重影响。此外，气候和天气灾害与新冠疫情、国家和国际限制以及经济危机相叠加，进一步加剧了影响，特别是在低收入和净依赖粮食进口的国家（图6-1）（粮农组织，2020b）。

人员和货物流动限制导致全球难以应对气候和天气对粮食供应、获取、利用和稳定的影响，限制了向农民和其他价值链参与者提供的信息服务，包括天气预报、极端天气事件的早期预警和农业建议，降低了价值链参与者应对气候灾害的能力。

这已经影响到了粮食的产量和质量，以及可消费量（世界气象组织，2020）。因此，新冠疫情加剧了业已严重的粮食不安全、营养不良和食源性疾病等现象，与气候影响并行的还有高风险的社会经济条件和国际冲突（粮农组织，2021f）。

为农业粮食价值链提供气候服务面临的主要挑战

尽管世界各地的气象观测系统大多已实现自动化，但新冠疫情的出现，影响了后勤维修、维护、供应和重新部署的工作，干扰了观测网络之间气候和气象信息的生产和交流，减少了向农民和其他价值链参与者提供的推广服务，如基本气候信息和市场信息，以及防治病虫害的农业咨询服务（世界气象组织，2020）。降低了参与者根据气候和市场情况做出减少粮食损失、防止资源浪费及增加市场机会决策的能力。

埃塞俄比亚农业粮食价值链中气候服务的发展案例

在埃塞俄比亚，传统广播网络在确保农民和价值链参与者获取并利用量身定制的信息方面发挥了关键作用，帮助他们做出气候智慧型决策。Seid等（2020）开展了一项研究，旨在加强埃塞俄比亚气候服务价值链，并提供量身定制的季节性气候预测，包括对极端天气事件的预警。这些信息被转化为农业气候建议，发送给小农户、决策者和价值链参与者，同时更新和预警新冠疫情的传播情况，以提高疫情期间的决策能力。

此外，为加强价值链参与者和利益相关者之间的传播与合作，该服务还包括咨询服务以及提供本国农业部的相关计划和最新信息。

传统的无线电网络被证明是最合适和最有效的沟通方式。Seid等人（2020）的研究强调，需要通过适当的传播手段，将各方参与者串联起来，搭建气候智慧型网络社区，以最有效和最包容的方式传递符合各类用户需求和优先事项的气候信息。

政策建议和投资机会

为有效应对气候风险，农业技术推广与咨询服务操作系统及信息通信网络、设备与服务亟需显著提升，以确保在紧急状态和社会隔离限制期间能够以最快速、最具创新性和最高效的方式运作（粮农组织，2020b）。

农业推广和咨询服务在新冠疫情期间发挥着关键作用，如确保气候、天气和市场信息的流通并实现知识共享。除了提供定制服务、信息输入、存储准入和处理设备、交通和物流、财政支持、市场准入和供应链运作外，还与多个利益相关者（从政府到小规模农民等）开展合作，加强与社会保障服务和社会保险计划之间的联系（粮农组织，2020b）。因此，加强粮食安全和农业粮食价值链韧性建设的政策策略应系统地应对新冠疫情和气候及气象灾害引发的风险，以防止和减少对未来经济的影响（粮农组织，2020c）。

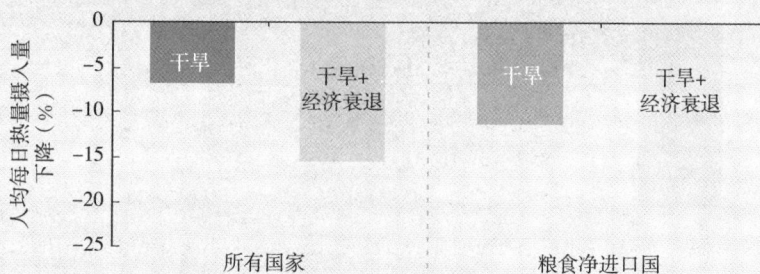

图 6-1　干旱对粮食供应的影响与干旱和经济衰退叠加影响的对比

注：该图显示了受干旱影响的国家与在全球经济衰退背景下同样受干旱影响的国家之间粮食供应的平均百分比变化。这些负向变化是相对于未受干旱影响的国家测算得出，且其差异在5%的统计水平上具有显著性。

资料来源：粮农组织（2020d）。

©粮农组织/Luis Tato

7 发展和实施气候服务的障碍

©粮农组织/Fahad Kaizer

气候变化给农业粮食价值链各阶段带来了多重风险，受影响的频率和强度由多种因素决定，例如粮食商品类型、地理位置以及当前环境、社会和经济条件。气候服务为农业粮食参与者提供了一种方式，可以增强价值链中增值活动的韧性和适应能力，并通过基于信息的规划和价值链发展来降低社会经济脆弱性。此外，气候服务还为国家和国际公共机构提供了一个机会，即在全球范围内，基于气候信息，针对具有适应力的农业粮食价值链进行针对性的投资（Furuholt 和 Matotay，2011；粮农组织，2020d）。

然而，公共和私人机构在推动针对全球农业粮食价值链开展的气候服务时，需要应对以下多重挑战：

7.1 对可靠数据的需求

气候服务的发展需要持续提供及时、可靠的气候和天气数据，并且这些数据应根据用户需求及其社会经济特征进行定制。这一点在发展中国家颇具挑战，由于在数据收集、存储和传播设施上的投资有限，发展中国家的原始数据

（如国家历史气候数据库）并不总是可用，或未能妥善存储在公共数据库中。从国家到地方层面，实施可靠且准确的气候服务所需的政策和技术能力往往不够完善。例如，实施气候服务的成本，尤其是在活动初期，可能成为扩大规模或重复实施干预的主要障碍，因为这需要投入资金来培训人员和校准模型。这一成本因国而异，差异较大，主要取决于各国提供高分辨率气候数据和农业气候数据的现有能力水平。

7.2　技术与创新壁垒

提升能源、信息和通信技术（ICT）、互联网以及安全可持续基础设施的普及率至关重要，特别是在发展中国家。然而，大规模发展仍面临多重障碍。具体而言，这些障碍包括：可用于投资的人力资本、社会资本和自然资本不足；规划缺乏连续性且技术兼容性差；以及创新产品投资与用户需求脱节，最终导致资源闲置。此外，小农主体往往难以获得必要的支持来投资气候适应型技术实践，例如能确保可观投资回报的保险方案和认证体系。

7.3　通过定制干预措施应对农业粮食价值链异质性的挑战

价值链因生产类型、地理特征、气候带、政治环境和特定国家的经济发展状况而异。当需要确定一种通用方式来评估广泛的社会生态系统及其众多变量变异时，挑战随之而来。确切地说，这些需要根据农业粮食价值链的环境、社会和经济背景进行具体调整，同时还需要深入理解气候风险、暴露程度和脆弱性。在同一农业粮食价值链中，参与主体的多样性为定制气候服务带来了挑战。此外，由于价值链上不同用户的需求差异以及所使用的信息和通信工具各不相同，彼此之间往往缺乏有效沟通，这也使得确保服务能够覆盖到各类用户变得尤为困难。

7.4　沟通不足和能力建设缺乏

在增强气候适应性方面，农业粮食价值链的主要障碍包括用于评估当地气候风险的财务激励和技术能力有限，以及管理该风险的决策能力有限。这主要是因为技术限制，无法获取和利用针对不同用户需求和社会生态背景定制的气候预测和天气预报数据（Dazé 和 Deckens，2016）。此外，另一大主要障碍是价值链参与者之间缺乏沟通，公共机构缺乏领导力，阻碍了高效和具有气候韧性的农业粮食价值链的发展。

这些挑战还阻碍了开展合作的机会，如提高小农户使用信息和通信技术（基于气候和天气）的能力，促进纵向和横向联网与信息共享，加强公私伙伴关系，实施参与式气候风险管理实践（Hernandez 等，2017）。绘制农业粮食价值链关系图——所涉及的参与者、影响价值链的气候风险以及参与者与利益相关者之间的治理关系——对于确定参与者之间的关键沟通渠道至关重要（Okello 等，2013）。通过绘制价值链关系图，可以明确价值链参与者之间的联系机会，进而发展协同各方的农业粮食价值链，确保气候产品和产出的有效利用与共享。

因此，从农民到政府、研究机构和非政府组织等不同参与者和机构应增加联络机会，以了解其他价值链参与者的工具、资源和投资优先事项，认识到气候服务在应对气候风险和促进农业粮食价值链发展方面的潜力，同时抓住合作机会，在全球范围内实现积极成果（美国国际开发署，2018a）。

7.5 融资计划有限

尽管在当前趋势和未来气候情景下，公共机构和私营部门在气候适应方面的投资至关重要且迫在眉睫，但相比于减缓气候变化措施的投资，它们仍略逊一筹。全球适应委员会与世界资源研究所最近发布的《数字化气候信息咨询服务蓝图》（Ferdinand 等，2021）指出，到 2030 年，通过气候服务提升 3 亿小规模农业生产者的韧性，将需要 70 亿美元的巨额投资。

©粮农组织/Saikat Mojumder

　　所需投资包括气候服务的前期投入和维护成本，这些成本因基础设施发展状况、适应能力的支持环境以及具体服务类型的不同而有所差异。然而，该蓝图的投资目标仅限于小规模农业生产者，忽视了其他价值链参与者的投资需求。本研究提出的干预措施，尤其是针对收获后活动的措施，实际上需要更大的投资。

　　此外，气候评估和适应气候变化的融资方法通常只关注气候变化对产量和生产的影响。还需要更深入地了解气候风险对收获后农业粮食价值链的影响，并制定评估这些影响的方法。这将确保针对收获后农业价值链项目和干预措施的专项资金计划得到认可和支持。

7.6　政策支持有限

　　另一项重大挑战是，公共机构和私营部门在专门针对收获后农业粮食价值链的气候适应项目和策略方面，缺乏持续的投资。各国和社区在应对气候变化时表现出的脆弱性日益明显，发展中国家仍在全球气候峰会上呼吁对气候变化适应性问题给予更多关注（Bianco，2020）。Wieben（2019）对提交的 163 份国家自主贡献进行了分析，发现仅有 48 个国家报告了通过气候风险管理干预措施来增强农业粮食价值链气候韧性的适应战略与行动计划。

8 政策建议和投资机会

8.1 识别农业粮食价值链面临的气候风险，并通过国家自主贡献和国家适应计划探讨气候服务的潜在解决方案

支持农业粮食价值链的气候服务和气候韧性干预措施必须纳入国家自主贡献，并由此纳入地方政策战略和国家气候适应行动计划（Wieben，2019）。它们必须强调国家和地方企业、中小型企业、投资基金会和公司等私营参与者在支持实施气候韧性战略方面的作用，及其从中获得的利益。人们普遍认为，在规划气候适应性强的基础设施和研发气候韧性技术时，需要将气候风险评估（CRAs）纳入政策战略（国际农业发展基金，2015；粮农组织，2021e）。

此外，通过将气候服务框架的开发纳入主流，包括数据收集和监测、气候和天气信息的协同生成，以及针对农业粮食价值链不同用户的沟通（粮农组织，

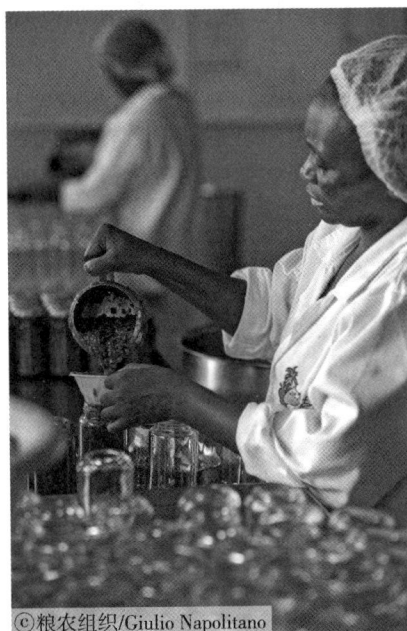

©粮农组织/Giulio Napolitano

2021b），气候服务将促进价值链上各参与者之间的合作与知识转移，特别是惠及最脆弱的群体。政府、农业推广和金融服务机构必须通过在价值链的各个环节提供气候一体化的投资机会来支持这一进程，同时提供基于证据的气候预测和天气预报信息，利用气候服务提供充足的知识、技术和经济资源，以提升地方管理和决策能力。此外，还应在地方和国家政策战略中强调气候服务有助于提升社会包容性，特别有利于弱势群体、妇女和青年。

8.2　增加获取信息和通信工具的渠道

尽管农业粮食价值链面临的挑战多种多样、发展水平存在差距，但气候服务可以通过提升数字化和获取最新信息，来优化物流与各环节对接、提高产品的可追溯性与各方协调性。这有利于增强各参与主体的适应能力，帮助其预防和减轻气候影响，同时为价值链的其他环节带来直接和间接的好处（粮农组织、国际农业发展基金、联合国儿童基金会、世界粮食计划署和世界卫生组织，2019）。

大规模网络系统的投资推动了信息和信息系统的数字化，使价值链参与者能够更好地获取信息，支持移动网络的系统化，并促进相关信息和通信技术的发展。在必要的地方进行气候适应性基础设施干预，包括能源和电力的接入，可以同时推动技术和互联网设施的发展，从而使价值链参与者能够访问、使用和共享气候信息。

数字化的发展必须得到一致和包容的支持，以弥合农业领域的技术和知识差距。为确保相关技术和沟通工具在农业粮食价值链中得以使用，需要对基础设施进行投资，同时该服务还必须考虑成本、识字率、数字技能、相关法规和互联网接入等因素。只有这样，干预措施才能克服发展中国家（特别是农村社区）普遍存在的长期缺乏新技术和数字创新的难题（粮农组织，2019b）。

开展数据共享和根据价值链参与者需求定制的咨询服务将有助于创建一个商业模型，为国家水文和气象机构提供服务，并促进其决策者和价值链参与者之间的互动（粮农组织，2020d；美国国际开发署，2018a）。理想情况下，目标价值链的所有数据应集中在一个公共数据库和数据共享系统中，以确保气候数据能够在恰当的背景下进行解读，从而创造出可操作且以用户为导向的产品。例如，行业特定数据（如运输路线、收集点和市场目的地等信息）应与气候数据相结合，以便为运输利益相关者提供更全面的支持。为了克服沟通障碍，提高价值链参与者的决策能力，Hernandez等（2017）提出了一些措施和做法，目的是选择适合于特定价值链结构的沟通方式、匹配价值链参与者的需求和利益，以及促进参与者之间的沟通和信息共享。

整个农业粮食价值链选择的信息和通信技术应保持一致，并且保证每个参与者和利益相关者都可以复制推广，从而确保从生产到贸易的连贯性，同时确保能够长期透明且高效地提供定制气候信息。这需要基于利益相关者的气候风险咨询来斟酌最适合的沟通方式。

8.3　提升价值链参与者使用气候服务和通信工具的能力

在农业粮食价值链中发展气候服务，并提升气候信息和通信工具的可及性与使用率，有望增强所有价值链参与者（尤其是最脆弱和边缘化群体）的适应能力和决策水平。农民、加工商、运输人员和贸易商需要获得参与式培训和能力建设，以便更好地解读和应用气候信息，采取气候韧性措施，帮助其减轻气候变化对生产、收获和收获后阶段的影响（美国"未来粮食·保障倡议"，2018）。

因此，在分析适合农业粮食价值链的信息和传播工具后，应随之开展参与式培训计划。这些培训应由气候专家和价值链专家主导，将参与者聚集在一起，分享最佳实践和知识，创造更多合作机会，并提升决策能力。需要对农业技术推广服务提供者、投入供应商、私营部门和其他参与者进行能力建设和技术支持，以便他们能够以经济和高效的方式，系统性地为农业粮食价值链中的不同参与者量身定制和开展气候服务。同时，还需要为用户提供参与式培训和技术支持，以使他们能够有效地利用所接收到的信息和服务。此外，该策略应得到国家政府监管部门的有力支持。

8.4　将气候风险评估纳入农业粮食价值链的项目设计和商业计划之中

对促进气候服务发展的项目和行动方案的投资，必须以气候、环境、经济和社会评估为基础，并对农业粮食价值链各环节进行成本效益分析。评估应考虑目标地理区域，并识别最脆弱的地区和价值链环节，结合气候信息的优先事项，关注每个参与者在价值链中的具体角色以及与气候韧性干预措施相关的职责（Sloan 等，2019；Ferdinand 等，2021）。

应采取同样的方法，将气候风险管理纳入农业粮食价值链投资计划和商业计划中。为了有效地与私营部门对接，并使提案与其优先事项保持一致，需要清晰透明地阐释投资气候服务和气候韧性农业粮食价值链的经济理由。同时，针对计划中的气候风险管理干预措施，商业论证应明确阐述短期和长期的生产力、收入收益，以及与常规业务情景相比的投资回报（Sloan 等，2019；Dazé和 Deckens，2016）。私营利益相关者必须认识到这些干预措施所带来的附加价值，以便将气候风险管理有效地纳入价值链活动中。

为增强农业粮食价值链对气候变化的适应能力，必须确保参与者拥有必要的信息和足够的金融资源和技术资源，以做出基于气候信息的、明智的、具有韧性的决策。预防性行动和早期响应的前提是对气候风险进行准确识别和评估，然后加强适应能力，并制定综合管理自然资源的策略。气候服务应确保价值链中所有参与者和利益相关者在应对气候风险时，具有更强的协调水平和技术能力。

为确保农产品生产过程中能够提供和利用气候服务，还需要采用一种新型价值链方法，从而以更全面、协同和系统的方式应对气候风险及其带来的粮食损失和损害。

8.5 加强社会保障体系建设，完善气候韧性认证计划，强调投资回报率

通过加大对气候韧性技术和基础设施的投资，气候服务应能提高农民和其他参与者抵御灾害风险的能力，减少粮食损失和资源浪费。这包括加强早期预警系统、农业气候咨询服务和适当的粮食储存设施，以防止或减少极端天气事件对农业粮食价值链各环节造成的损失。这些措施须与以下两个方面相结合，即（气候变化）长期适应规划、对技术及基础设施的投资，从而确保农业粮食价值链的每一个环节都具备应对气候变化的能力。小型生产者从传统农业转型到气候智慧型农业需要一个长期的过程，而此过程很少获得投资，因此需要获得更多关注。这些投资应具备营利性，并推动对信息和通信技术及气候服务的进一步需求，以建立具备气候韧性的农业粮食价值链，显著提升农产品的价值并增加各环节参与者的收入（全球适应委员会，2019）。

对社会保障体系和气候韧性认证机制的投资回报主要来自以下两方面：一是避免灾后恢复所产生的巨额费用；二是增加贸易机会，尤其是在适应能力较低的发展中国家，这种回报相较于高收入国家更加明显。为了增强气候韧性，并在农业粮食价值链中实现环境、经济和社会的综合效益，气候服务应与气候信息驱动的金融服务、资源供应、针对特定价值链的保险计划，以及气候信息驱动的市场信息相结合。

此外，农业粮食价值链是全球贸易的一部分，必须遵守国际标准和法律法规。因此，还需要进一步支持并完善立法，以使价值链适应国际气候风险和社会经济风险。发展中国家在适应气候变化方面的投资不能仅仅来自本国境内，还应得到更广泛的国际金融系统支持，如来自多方利益相关者的创新伙伴关系和经济发展模式的投资驱动（Ferdinand 等，2021）。

8.6 将包括气候服务在内的主流气候变化讨论纳入多方利益相关者论坛，以解决农业粮食价值链的可持续发展问题

虽然农业粮食价值链中的参与者和活动多种多样，但加强公共和私人参与者之间的纵向和横向合作将获得社会和经济支持，促进信息的整合，减少法规

和管理实践中的不一致，提高对资源和技术的获取能力，以及提升对气候变化的认识（Hernandez 等，2017）。

公私部门伙伴关系对以下方面至关重要：一是将气候风险纳入投资计划，二是针对具有气候韧性的商业战略开展培训、提供信息。这使众多公私部门参与者能够将更高水平的气候研究和相关成果与当地农业粮食价值链的相关决策结合（Dazé 和 Deckens，2016）。由于气候服务有限，发展中国家在能源开发和冷却基础设施建设方面具有很大的市场潜力。若相关支持性政策到位，私营部门则可以主导研发分散式冷藏途径。这将减少损失，提高农民收入，并增强农业粮食价值链对极端天气事件的抵御能力。

考虑到国家公共部门拥有的资金和物流资源，必须突出其在促进重点领域生产方面的职能。公共部门的参与还为私营部门投资气候变化适应措施（如气候适应基础设施建设和基于气候的农业及社会保险）创造了有利环境，并产生了可观的投资回报（Ferdinand 等，2021）。与此同时，私营部门的投资也至关重要：一是补充有限的公共资源以加强气候适应性；二是填补落实气候适应计划所需的资金缺口（世界银行，2021）。各国发展部门和国际相关发展组织也可以发挥关键作用，积极与当地利益相关者开展沟通，将气候服务和市场信息系统纳入农业粮食价值链的主流管理体系（Dazé 和 Deckens，2016）。

投资需求

表 8-1 概述了农业粮食价值链各环节的挑战和投资需求。

表 8-1　农业粮食价值链各环节面临的挑战和投资需求概述

农业粮食价值链中的对应阶段	挑战	投资需求
生产和收获	• 获得气候韧性应用技术和实践的机会有限 • 在价格制定和市场战略方面，缺乏与市场的联系及相应信息 • 与其他价值链参与者的合作有限 • 妇女无法平等获取气候服务	• 投资高效的收获设备和技术 • 提升信息和通信技术以监测收获期间的温度和湿度 • 研发参与式培训材料，并与社区参与和推广相结合 • 投资移动与互联网网络 • 投资女性和青年量身定制的服务时应充分考虑他（她）们在参与过程中可能遇到的障碍，以满足其特定需求并支持其相关活动 • 支持公平获取气候服务，包括更深入了解女性、青年和弱势群体使用的沟通渠道和方式

（续）

农业粮食 价值链中的 对应阶段	挑战	投资需求
储存和 冷藏	• 缺乏气候适应型基础设施，无法实现高效且受控的气候调节存储 • 在气候风险预测的基础上，仓储设施的投资选址与建设方式缺乏指导依据 • 农场层面缺乏投资存储设施的资金 • 关于提升收获后的效率，与其他价值链参与者开展的合作有限	• 提高气候预测和风险评估的质量，以更好地评估气候变化对收获后活动的影响 • 投资冷藏设施建设或推动农业合作社发展，以支持气候风险最严重地区或社区的储存设备建设 • 基于每种情况下工艺成熟且经济可行的技术，支持开发高效的可再生能源、完善基础设施和生产所需材料 • 投资研发信息和通信技术，用于温度和湿度监测 • 加强政府能力建设，完善具有气候韧性的基础设施建设和技术研发 • 支持储存设施与生产者之间沟通平台的建设 • 投资移动、互联网网络 • 投资教育服务——加强技术培训和开展能力建设活动（关于粮食正确存储对粮食安全和食品安全的益处）
加工和 包装	• 关于如何选择最合适和最节约成本的加工和包装设备，缺乏相关知识和培训 • 关于气候适应性基础设施建设和完善加工与包装设备，缺乏相应的投资 • 与其他价值链参与者的合作有限	• 加大投资力度，完善加工设备或促进农业合作社的发展，从而改善某一地区或社区的加工设施 • 支持农业合作社和非政府组织（NGOs）将气候信息纳入为农民提供的服务 • 支持研发高效的加工技术 • 投资高效和可再生能源基础设施建设 • 支持价值链参与者交流平台的建设 • 制订增值加工活动的商业计划 • 投资教育服务——加强技术培训和开展关于创新加工方法的能力建设活动
运输	• 与其他价值链参与者的合作有限 • 缺乏准确和实时的天气信息 • 缺乏为农产品运输定制的气候信息服务 • 运输车辆缺乏冷藏功能或储存能力不足	• 加大投资，促进气候服务发展，满足粮食运输者的需求，相关服务应基于运输行业现有的气候信息 • 加强粮食运输物流服务（配合其他运输者和相关服务） • 开发新鲜农产品运输通道 • 加强运输部门早期预警系统建设 • 为运输线路和其他基础设施建设开展详细的气候风险评估 • 针对基础设施政策规划，加大研究和气候预测 • 加大投资，促进实时天气信息的传递 • 在运输参与者和其他价值链参与者之间搭建沟通平台

（续）

农业粮食价值链中的对应阶段	挑战	投资需求
市场、贸易和消费	• 与其他价值链参与者的合作有限 • 气候、天气和市场信息之间的对接有限 • 关于气候影响消费者行为的研究成果应用有限	• 结合国内和国际市场信息，增强季节性咨询服务 • 在预警系统与市场信息之间建立联系，确保气候服务的有效利用 • 建立沟通平台，畅通价值链参与者获取市场信息的通道 • 加大资金支持，完善基于天气状况的销售预测和价格保险服务 • 加大资金支持，针对市场和消费情况实施有效的天气营销策略 • 协助相关国家建立气候适应型粮食认证制度并完善认证标准

REFERENCES 参考文献

Adekomaya, O. 2018. Climatic Weather Changes on Food Cold – Chain and Evolving Mitigating Strategy. *ATBU*，*Journal of Science*，*Technology & Education*（*JOSTE*），6 （2）. www. atbuftejoste. com/index. php/joste/ article/view/483.

ACRE Africa. 2021. *Agriculture and Climate Risk Enterprise*［*online*］.［*Cited 25 October 2021*］. https：//acreafrica. com/.

African Development Bank Group（AfDB），FAO, CGIAR Alliance of Biodiversity International Center & Big Data in Agriculture Platform. 2020a. *Digital Agriculture Profile – Rwanda*. Rome. FAO. www. afdb. org/en/ documents/digital – agriculture – profile – rwanda.

African Development Bank Group（AfDB），FAO, CGIAR Alliance of Biodiversity International Center & Big Data in Agriculture Platform. 2020b. *Digital Agriculture Profile – Cote d'Ivoire*. Rome. FAO. www. afdb. org/en/documents/digital – agriculture – profile – cote – divoire.

African Development Bank Group（AfDB），FAO, CGIAR Alliance of Biodiversity International Center & Big Data in Agriculture Platform. 2020c. *Digital Agriculture Profile – South Africa*. Rome. FAO. www. afdb. org/en/documents/digital – agriculture – profile – south – africa.

Alessandroni, L. , Caprioli, G. , Faiella, F. , Fiorini, D. , Galli, R. , Huang, X. , et al. 2022. A shelf – life study for the evaluation of a new biopackaging to preserve the quality of organic chicken meat. *Food Chemistry*，371：131134. www. sciencedirect. com/science/ article/abs/pii/ S0308814621021403.

Anbumozhi, V. 2020. Improving the Resilience of Regional Food Value Chains Against Climate Change and Natural Disasters. In：M. Breiling and V. Anbumozhi（eds. ） *Vulnerability of Agricultural Production Networks and Global Food Value Chains Due to Natural Disasters*. Jakarta，Indonesia：Economic Research Institute for ASEAN and East Asia. www. eria. org/uploads/media/ Books/2020 – Jan/12 _ Vulnerability – of – Agricultural – Production – Networks _ Chapter – 9. pdf.

Bayer AG. 2021. *How We Can Counter Climate Change by Reducing Food Loss and Waste*. ［online］.［Cited 08 December 2021］. https：//www. bayer. com/en/news – stories/how – we – can – counter – climate – change – by – reducing – food – loss – and – waste.

Bhattacharya, A. & Fayezi, S. 2021. Ameliorating food loss and waste in the supply chain through multi – stakeholder collaboration. *Industrial Marketing Management*，93：328 – 343.

Bianco, G. B. 2020. Climate change adaptation，coffee，and corporate social responsibility：challenges and opportunities. *International Journal of Corporate Social Responsibility*，5（3）. https：//jcsr. springeropen. com/ articles/10. 1186/s40991 – 020 – 00048 – 0.

Blessing, M. & Okello, J. 2010. Using ICT to Integrate Smallholder Farmers into Agricultural Value Chain：The Case of DrumNet Project in Kenya. *International Journal of ICT Research and Development in Africa*，1（1）：23 – 37. DOI：10. 4018/jictrda. 2010010102.

Brown, J. N. & Hawksford, A. 2018. Climate，Weather and Water Services for Livestock Industries. In：S. Hermesch（ed.）*Breeding Focus 2018 – Reducing Heat Stress*. Armidale，Australia：Animal Genetics and Breeding Unit，University of New England. http：//agbu. une. edu. au/PDFs/ BFW2018/BF _ 2018 _ chapter1 _ Hawksford. pdf.

Brown, M. E. & Kshirsagar, V. 2015. Weather and international price shocks on food prices in the developing world. *Global Environmental Change*，37：31 – 40. www. sciencedirect. com/ science/article/pii/ S0959378015300248.

Bujisic, M. , Bogicevic, V. & Parsa, H. G. 2017. The effect of weather factors on restaurant sales. *Journal of Foodservice Business Research*，20（3）：350 – 370.

Campbell, B. M. , Hansen, J. , Rioux, J. , Stirling, C. M. , Twomlow, S. & Wollenberg, E. L. 2018. Urgent action to combat climate change and its impacts（SDG 13）：transforming agriculture and food systems. *Current Opinion in Environmental Sustainability*，34：13 – 20. https：//doi. org/10. 1016/j. cosust. 2018. 06. 005.

Canevari – Luzardo, L. M. , Berkhout, F. & Pelling, M. 2019. A relational view of climate adaptation in the private sector：How do value chain interactions shape business perceptions of climate risk and adaptive behaviours? *Business Strategy and the Environment*，29（2）. https：// onlinelibrary. wiley. com/doi/full/10. 1002/bse. 2375.

Carabine, E. , Lwasa, S. , Buyinza, A. & Nabaasa, B. 2017. *Enhancing climate change development programmes in Uganda Karamoja livestock value chain analysis for resilience in drylands*. Climate and Development Knowledge Network. https：//cdn. odi. org/media/ documents/11595. pdf.

CGIAR Research Program on Climate Change, Agriculture and Food Security（CCAFS）. 2015. *Mobilizing Private Sector Partners for Climate Action in the Cocoa Value Chain* [online]. [Cited 21 July 2021]. https：//ccafs. cgiar. org/es/node/51463.

CGIAR Research Program on Climate Change, Agriculture and Food Security CCAFS. 2020. *Local Technical Agroclimatic Committees（LTACs）*. Wageningen，the Netherlands. https：// ccafs. cgiar. org/local – technical – agroclimatic – committees – ltacs.

CGIAR Research Program on Climate Change, Agriculture and Food Security CCAFS. 2021. *Agro – chain greenhouse gas emissions（ACE）calculator*. Wageningen，the Netherlands. https：//ccafs. cgiar. org/resources/tools/ acge – calculator.

Climate Expert. 2017. *Climate risk management & business opportunities—agro – processing* *of tea and coffee in Rwanda：Why adaptation to climate change matters for businesses*！Eschborn, Germany. www. climate－expert. org/fileadmin/user_upload/Infosheet_Climate_Expert_Rwanda_Agro_EN. pdf.

Climate－resilient Agribusiness for Tomorrow（CRAFT）. 2020. *Annual Report* 2020. The Hague. https：//snv. org/as－sets/explore/download/2020%20CRAFT%20AR. pdf.

Csapó, J., Prokisch, J., Albert, C. & Sipos, P. 2019. Effect of UV light on food quality and safety. Universitatis Sapientiae, *Alimentaria*, 12（1）：21－41. https：//sciendo. com/article/10. 2478/ausal－2019－0002.

Daniel, W. 2021. *Coffee is the latest commodity to hit multi－year highs as Brazil drought sends prices soaring* [online]. [Cited 2 August 2021]. https：//markets. businessin－sider. com/news/stocks/coffee－price－latest－commodity－to－hit－multi－year－highs－2021－6.

Davis, K. F., Downs, S. & Gephart, J. A. 2021. Towards food supply chain resilience to environmental shocks. *Nature Food*, 2：54－65. https：//doi. org/10. 1038/s43016－020－00196－3.

Dazé, A. & Deckens, J. 2016. *Enabling Climate Risk Management Along Agricultural Value Chains：Insights from the rice value chain in Uganda*. Winnipeg, Canada：International Institute for Sustainable Development. www. iisd. org/system/files/publications/crm－insights－from－rice－value－chain－uganda. pdf.

Despoudi, S. 2021. Challenges in reducing food losses at producers' level：the case of Greek agricultural supply chain producers. *Industrial Marketing Management*, 93：520－532. www. sciencedirect. com/science/article/pii/S0019850120308531? casa_token＝gLgYpfzEAqEAAAAA：_xUqV3FeDGGj2_cJHpqMH3putqPXKfUVXuDTH_gD4oK9n－mV_NVXQBy－poK0AeeGGCM3bnMx8.

EIP－AGRI. 2021. *Climate－smart agriculture—Solutions for resilient farming and forestry.* [online]. [Cited 18 February 2022]. https：//ec. europa. eu/eip/agriculture/sites/default/files/eip-agri_brochure_climate-smart_agriculture_2021_en_web_final. pdf.

Evans, P. 2021. *Record Brazilian drought causes coffee prices to spike to highest level in years.* CBC [online]. [Cited 2 August 2021]. www. cbc. ca/news/business/bra－zil－coffee－drought－1. 6096120.

Fanzo, J., Davis, C., McLaren, R. & Choufani, J. 2018. The effect of climate change across food systems：Implications for nutrition outcomes. *Global Food Security*, 18：12－19. https：//doi. org/10. 1016/j. gfs. 2018. 06. 001.

FAO. 2021a. *The share of food systems in total greenhouse gas emissions. Global, regional and country trends* 1990—2019. FAOSTAT Analytical Brief Series No. 31. Rome. www. fao. org/3/cb7514en/cb7514en. pdf.

FAO. 2021b. *Global outlook on climate services in agriculture－Investment opportunities to reach the last mile.* Rome. https：//books. google. ie/books? id＝fm－VHEAAAQBAJ&printsec＝frontcover&source＝gbs_ge_sum－mary_r&cad＝0♯v＝onepage&q&f＝false.

FAO. 2021c. *Food Loss and Food Waste. Policy Support and Governance Gateway* ［online］. ［Cited 11 August 2021］. www. fao. org/policy－support/policy－themes/food－loss－food－waste/en/.

FAO. 2021d. *Mainstreaming climate risk management into FAO programming.* Rome. www. fao. org/3/cb2669en/ cb2669en. pdf.

FAO. 2021e. *Climate－resilient Practices：Typology and guiding material for climate risk screening.* Rome. www. fao. org/3/cb3991en/cb3991en. pdf.

FAO. 2021f. *Food Loss and Waste in Fish Value Chains* ［online］. ［Cited 8 July 2021］. www. fao. org/flw－in－fish－value－chains/value－chain/transport/en/.

FAO. 2021g. *Sustainable productivity in agriculture（in the context of Climate－Smart Agriculture［CSA］and agroecology）*［online］. www. fao. org/flexible－multipartner－mecha－nism/projects/project－detail/en/c/1294771/.

FAO. 2020a. *The State of Agricultural Commodity Markets 2020. Agricultural markets and sustainable development：Global value chains，smallholder farmers and digital innovations.* Rome. https：//doi. org/10. 4060/cb0665en.

FAO. 2020b. *Extension and advisory services：at the frontline of the response to COVID－19 to ensure food security.* Rome. https：//doi. org/10. 4060/ca8710en.

FAO. 2020c. *The dual threat of extreme weather and the COVID－19 crisis：Anticipating the impacts on food availability.* Rome. https：//doi. org/10. 4060/cb0206en.

FAO. 2020d. *Using climate services in adaptation planning for the agriculture sectors.* Briefing Note. Rome. www. fao. org/3/cb2453en/cb2453en. pdf.

FAO. 2019a. *Climate－smart agriculture and the Sustainable Development Goals：Mapping interlinkages，synergies and trade－offs and guidelines for integrated implementation.* Rome. www. fao. org/3/ca6043en/ CA6043EN. pdf.

FAO. 2019b. *Digital technologies in agriculture and rural areas. Briefing paper.* Rome. www. fao. org/3/ca4887en/ ca4887en. pdf.

FAO. 2018. *Food loss analysis：causes and solutions：Case study on the mango value chain in the Republic of India.* Rome. www. fao. org/3/BU688EN/bu688en. pdf.

FAO. 2017. *Ex－Ante Carbon－Balance Tool for Value Chain（EX－ACT VC）.* Rome. www. fao. org/3/i7847e/i7847e. pdf.

FAO. 2016. *Developing gender－sensitive value chains—A guiding framework.* Rome. www. fao. org/ 3/i6462e/i6462e. pdf.

FAO. 2014. *Developing Sustainable Food Value Chains—Guiding Principles.* Rome. www. fao. org/3/ a－i3953e. pdf.

FAO. 2013. *ICT uses for inclusive agricultural value chains.* Rome. www. fao. org/3/aq078e/ aq078e. pdf.

FAO. 2006. *Storage of Coffee：Good Hygiene Practices along the coffee chain.* Rome. www. ico. org/projects/ Good－Hygiene－Practices/cnt/cnt _ sp/sec _ 3/docs _ 3. 3/ Storage. pdf.

FAO. 2004. Basic facts about food preparation and processing. In：FAO. *Processed foods for improved livelihoods.* FAO Diversification Booklet 5. Rome. www. fao. org/3/y5113e/y5113e04. htm.

FAO & OECD. 2019. *Background Notes on Sustainable，Productive and Resilient Agro‐Food Systems：Value chains，human capital，and the 2030 Agenda.* Rome and Paris. www. oecd‐ilibrary. org/agriculture‐and‐food/ background‐notes‐on‐sustainable‐productive‐and‐resilient‐agro‐food‐systems _ dca82200‐en.

FAO & UNDP. 2020. *Toolkit for value chain analysis and market development integrating climate resilience and gender responsiveness：Integrating agriculture in National Adaptation Plans（NAP‐Ag）Programme.* Bangkok. www. fao. org/3/cb0699en/CB0699EN. pdf.

FAO, IFAD, UNICEF, WFP & WHO. 2021. *The State of Food Security and Nutrition in the World 2021：Transforming food systems for food security，improved nutrition and affordable healthy diets for all.* Rome. https：//doi. org/10. 4060/cb4474en.

FAO, IFAD, UNICEF, WFP and WHO. 2020. *The State of Food Security and Nutrition in the World 2020. Transforming food systems for affordable healthy diets.* Rome，FAO. https：//doi. org/10. 4060/ca9692en www. fao. org/3/ca9692en/online/ca9692en. html.

FAO, IFAD, UNICEF, WFP and WHO. 2019. *The State of Food Security and Nutrition in the World 2019. Safeguarding against economic slowdowns and downturns.* Rome，FAO. Licence：CC BY‐NC‐SA 3. 0 IGO. www. fao. org/3/ca5162en/ca5162en. pdf.

Feed the Future. 2018. *Postharvest Loss Assessment of Tomatoes in Rwanda.* Washington，DC. https：// horticulture. ucdavis. edu/sites/g/files/dgvnsk1816/files/ extension _ material _ files/Postharvest%20Loss%20 Assessment%20of%20Tomatoes%20in%20Rwanda%20Jul%202018%20w%20infographic%20exec%20summary. pdf.

Ferdinand, T. , Illick‐Frank, E. , Postema, L. , Stephenson, J. , Rose, A. , Petrovic, D. et al. 2021. *A Blueprint for Digital Climate Informed Advisory Services：Building the Resilience of 300 Million Small‐Scale Producers by 2030.* Working Paper. Washington，DC：World Resources Institute. www. wri. org/research/digital‐climate‐informed‐advisory‐services.

Fu, H. , Teo, K. T. , Li, Y. & Wang, L. 2018. Weather Risk‐Reward Contract for Sustainable Agrifood Supply Chain with Loss‐Averse Farmer. *Sustainability，*10（12）：4540. www. mdpi. com/2071‐1050/10/12/4540/htm.

Furuholt, B. & Matotay, E. 2011. The developmental contribution from mobile phones across the agricultural value chain in rural Africa. *Electronic Journal of Information Systems in Developing Countries，*48（7）：1‐16. https：//onlinelibrary. wiley. com/doi/pdf/10. 1002/j. 1681‐4835. 2011. tb00343. x.

Global Commission on Adaptation［GCA］. 2019. *Adapt now：A global call for leadership on climate resilience.*

Gro Intelligence. （forthcoming）. *Brazil Drought Damage to Coffee Seen Lasting to Next Year's Crop*［online］. ［Cited 21 June 2021］. https：//gro‐intelligence. com/insights/

articles/brazil－drought－damage－to－coffee－seen－lasting－to－next－years－crop.

Guiné, R. 2018. The Drying of Foods and Its Effect on the Physical－Chemical，Sensorial and Nutritional Properties. *International Journal of Food Engineering*，4（2）：93－100. www. researchgate. net/publication/325957843 ＿ The ＿ Drying ＿ of ＿ Foods ＿ and ＿ Its ＿ Effect ＿ on ＿ the ＿ Physical－Chemical ＿ Sensorial ＿ and ＿ Nutritional ＿ Properties）.

Gumucio, T., Hansen, J., Huyer, S. & van Huysen, T. 2020. Gender－responsive rural climate services：A review of the literature. *Climate and Development*，12（3）：241－254. DOI：10. 1080/17565529. 2019. 1613216.

Gutierrez, L. 2017. Impacts of El Niño－Southern Oscillation on the wheat market：A global dynamic analysis. *PLoS ONE*，12（6）：e0179086. https：//doi. org/10. 1371/ journal. pone. 0179086.

Hakorimana, F. & Akcaoz, H. 2017. The Climate Change and Rwandan Coffee Sector，Turkish Journal of Agriculture. *Food Science and Technology*，5（10）：1206－1215. http：// agrifoodscience. com/index. php/TURJAF/article/ view/1376）.

Hansen, J., Hellin, J., Rosenstock, T., Fisher, E., Cairns, J., Stirling, C., Lamanna, C., Etten, J., Rose, A. & Campbell, B. 2019. Climate risk management and rural poverty reduction. *Agricultural Systems*，182：28－46.

Hernandez, J., Kacprzyk, J., Panetto, H., Fernandez, A. & Liu, S., Ortiz, A. & De－Angelis, M. 2017. *Challenges and Solutions for Enhancing Agriculture Value Chain Decision－Making. A Short Review.* 18th Working Conference on Virtual Enterprises （PROVE），Vicenza，Italy. pp. 761－774.

Hill, D. L. & Wall, E. 2014. Dairy cattle in a temperate climate：The effects of weather on milk yield and composition depend on management. *Animal*，9（1）：138－149.

IFAD. 2015. *How to do Climate change risk assessments in value chain projects. Environment and climate change.* Rome. www. ifad. org/documents/38714170/40195554/Climate＋change＋ risk＋assessments＋in＋Value＋Chain＋Proj－ects/e0fd0f38－42fe－4418－beda－ 56aff9c8bebf.

Institute of Mechanical Engineers（IoME）. 2014. *A tank of cold：cleantech leapfrog to a more food secure world.* London：Institution of Mechanical Engineers. www. imeche. org/ docs/default－source/reports/a－tank－of－cold－cleantech－leapfrog－to－a－more－food－ secure－world. pdf.

Intergovernmental Panel on Climate Change（IPCC）. 2022. *Climate Change 2022：Impacts, Adaptation, and Vulnerability. Contribution of Working Group II to the Sixth Assessment Report of the Intergovernmental Panel on Climate Change* ［H.－O. Pörtner，D. C. Roberts，M. Tignor，E. S. Poloczanska，K. Mintenbeck，A. Alegría，M. Craig，S. Langsdorf，S. Löschke，V. Möller，A. Okem，B. Rama（eds.）］. Cambridge University Press. In Press. https：//report. ipcc. ch/ ar6wg2/pdf/IPCC ＿ AR6 ＿ WGII ＿ FinalDraft ＿ FullReport. pdf.

Intergovernmental Panel on Climate Change（IPCC）. 2018. *Global Warming of 1. 5℃ . An*

IPCC Special Report on the impacts of global warming of 1.5℃ above pre-industrial levels and related global greenhouse gas emission pathways, in the context of strengthening the global response to the threat of climate change, sustainable development, and efforts to eradicate poverty. Geneva, Switzerland. https://www.ipcc.ch/site/ assets/uploads/sites/2/ 2019/06/SR15_Full_Report_High_Res. pdf.

Intergovernmental Panel on Climate Change (IPCC). 2014. *Climate Change 2014: Impacts, Adaptation, and Vulnerability. Part A: Global and Sectoral Aspects.* Contribution of Working Group II to the Fifth Assessment Report of the Intergovernmental Panel on Climate Change [Field, C. B., V. R. Barros, D. J. Dokken, K. J. Mach, M. D. Mastrandrea, T. E. Bilir, M. Chatterjee, K. L. Ebi, Y. O. Estrada, R. C. Genova, B. Girma, E. S. Kissel, A. N. Levy, S. MacCracken, P. R. Mastrandrea, and L. L. White (eds.)]. Cambridge University Press, Cambridge, United Kingdom and New York, NY, USA, 1132 pp. (Cited 8 June 2021). www.ipcc.ch/site/assets/uploads/2018/02/WGIIAR5-PartA_FINAL.pdf.

Intergovernmental Panel on Climate Change (IPCC). 2014. *Climate Change 2014: Synthesis Report.* Contribution of Working Groups I, II and III to the Fifth Assessment Report of the Intergovernmental Panel on Climate Change. Geneva, Switzerland. www.ipcc.chassessment-report/ar5/.

Intergovernmental Panel on Climate Change (IPCC). 2007. *Climate Change 2007: Synthesis Report.* Contribution of Working Groups I, II and III to the Fourth Assessment Report of the Intergovernmental Panel on Climate Change Geneva, Switzerland. www.ipcc.ch/ report/ar4/syr/.

Joerin, J., Dawoe, E., Kruetli, P., Benab-Derrazik, K., Hauenstein, S., Aning, S., Asabere, A., et al. 2018. *Resilience of the Cocoa Value Chain in Ghana. Final Report.* Available at: www.researchgate.net/publica-tion/328838756_Resilience_of_the_ Cocoa_Value_Chain_in_Ghana-Final_Report.

Koegelenberg, I. 2021. Swiss Groups Developing App to Help Farmers in India Access Cold Chain. In: *Hydrocarbons* 21 [online]. [Cited 31 August 2021]. http://hydrocarbons21. com/articles/9956/swiss_groups_developing_app_to_help_farmers_in_india_ access_cold_chain.

Laajimi, A., Schroeder, K., Meyers, W. & Binfield, J. 2016. The Tunisia Wheat Market in the Context of World Price Volatility: A Stochastic Partial Equilibrium Approach. *Journal of Food Products Marketing*, 1-17. doi: 10.1080/10454446.2014.1000447.

Lechthaler, F., & Vinogradova, A. 2017. The climate challenge for agriculture and the value of climate services: Application to coffee-farming in Peru. *European Economic Review*, 99: 5-30.

Leslie, J. F., Bandyopadhyay, R. & Visconti, A. 2008. *Mycotoxins: detection methods, management, public health and agricultural trade.* CABI Book. https://books.google.it/ books? hl=en&lr=&id=3Nq3zdv_3b4C&oi=fnd &pg=PA219&dq=aflatoxin+food+

trade+africa&-ots=iqb VTOY-w0&-sig=jP4-cZjY8l _ 2V-P83AXXuNYfG38&-redir _ esc=y♯v=onepage&-q=aflatoxin%20food%20trade%20 africa&-f=false.

Lim‑Camacho, L. , Ariyawardana, A. , Lewis, G. K. , Crimp, S. J. , Somogyi, S. , Ridoutt, B. , Howden, S. M. 2017. Climate adaptation of food value chains：the implications of varying consumer acceptance. *Regional Environmental Change*，17：93-103. DOI 10. 1007/s10113-016-0976-5.

Liverpool‑Tasie, L. S. O. , Wineman, A. , Young, S. , Tambo, J. , Vargas, C. , Reardon, T. , Guigonan, S. A. , et al. 2020. A scoping review of market links between value chain actors and small‑scale producers in developing regions. *Nature Sustainability*，3：799-808.

Lonie, S. , Martinez, M. , Oulai, R. & Tullis, C. 2018. *Opportunities for Digital Financial Services in the Cocoa Value Chain in Côte d'Ivoire：Insights from New Data*. World Bank, Washington, DC. World Bank. https：//openknowledge. worldbank. org/handle/10986/30203. License：CC BY 3. 0 IGO.

Marvin, H. J. P. , Kleter, G. A. , Van der Fels‑Klerx, H. J. I. , Noordam, M. Y. , Franz, E. , Willems, D. J. M. , Boxall, A. 2013. Proactive systems for early warning of potential impacts of natural disasters on food safety：Climate‑change‑induced extreme events as case in point, *Food Control*, 34（2）：444-456. https：//doi. org/10. 1016/j. foodcont. 2013. 04. 037.

Mbow, C. , C. Rosenzweig, L. G. Barioni, T. G. Benton, M. Herrero, M. Krishnapillai, E. Liwenga, et al. 2019. Food Security. In：*Climate Change and Land：an IPCC special report on climate change, desertification, land degradation, sustainable land management, food security, and greenhouse gas fluxes in terrestrial ecosystems* [P. R. Shukla, J. Skea, E. Calvo Buendia, V. Masson‑Delmotte, H. - O. Pörtner, D. C. Roberts, P. Zhai, R. Slade, S. Connors, R. van Diemen, M. Ferrat, E. Haughey, S. Luz, S. Neogi, M. Pathak, J. Petzold, J. Portugal Pereira, P. Vyas, E. Huntley, K. Kissick, M. Belkacemi, J. Malley, （eds. ）].

McGuirk, M. , Shuford, S. , Peterson, T. C. , & Pisano, P. 2009. Weather and climate change implications for surface transportation in the USA. *WMO bulletin*，58（2）：85.

Mirzabaev, A. & Tsegai, D. 2012. *Effects of Weather Shocks on Agricultural Commodity Prices in Central Asia*. www. researchgate. net/publication/256041364 _ Effects _ of _ Weather _ Shocks _ on _ Agricultural _ Commodity _ Prices _ in _ Central _ Asia.

Misiou, O. & Koutsoumanis, K. 2021. *Climate change and its implications for food safety and spoilage. Trends in Food Science &. Technology*. https：//doi. org/10. 1016/j. tifs. 2021. 03. 031.

Monastyrnaya, E. , Joerin, J. , Dawoe, E. & Six, J. 2016. *Assessing the resilience of the cocoa value chain in Ghana Case study report*. ETH. Zurich. https： // cocoainitiative. org/wp - content/ uploads/2017/10/Assessing - the - Resilience - of - the - cocoa - value - chain - in - ghana. pdf.

Monirul, I., Sallu, S., Hubacek, K. & Paavola, J. 2014. Vulnerability of fishery - based livelihoods to the impacts of climate variability and change: insights from coastal Bangladesh. *Regional Environmental Change*, 14: 281 - 294. https://link. springer. com/content/pdf/10. 1007/s10113 - 013 - 0487 - 6. pdf.

Mitu, S. J.; Schneider, P.; Islam, M. S.; Alam, M.; Mozumder, M. M. H.; Hossain, M. M. & Shamsuzzaman, M. M. 2021. Socio - Economic Context and Community Resilienceamong the People Involved in Fish Drying Practices in the South - East Coast of Bangladesh. *International Journal of Environmental Research and Public Health*, 18: 6242. https://doi. org/10. 3390/ijerph18126242.

Mwongera, C., Nowak, A., Notenbaert, A. O. M., Grey, S., Osiemo, J., Kinyuwa, I., Lizarazo, M. & Girvetz, E. 2019. Climate - Smart Agricultural Value Chains: Risks and Perspectives. In: Rosenstock T., Nowak A., Girvetz E. (eds) *The Climate - Smart Agriculture Papers*. Springer, Cham. https://doi. org/10. 1007/978 - 3 - 319 - 92798 - 5_20.

Njuguna, C., Baijukya, F. & Myaka, F. 2021. *Climate smart agriculture: Top ten decisions to make with weather info*. IITA. https://cgspace. cgiar. org/bitstream/hand - le/10568/113097/ENGLISH%20CI%20A4%20. pdf? sequen - ce=1&isAllowed=y.

O'Grady, M., Langton, D., Salinari, F., Daly, P. & O'Hare, G. 2020. Service design for climate - smart agriculture. *Information Processing in Agriculture*, 8 (2): 328 - 340. https://doi. org/10. 1016/j. inpa. 2020. 07. 003.

Orge, R. F., Sawey, D. A., Leal, L. V. & Gagelonia, E. C. 2020. Re - engineering the paddy rice drying system in the Philippines for climate change adaptation, *Drying Technology*, 38 (11): 1462 - 1473, DOI: 10. 1080/07373937. 2019. 1648289.

Palacios - Cabrera H., Taniwaki M. H., Menezes H. C. & Iamanaka, B. T. 2004. *The production of OTA by Aspergillus ochraceus in raw coffee at different equilibrium relative humidity and under alternating temperatures*, Elsevier Ltd, p. 531 - 535.

Piacentini, R. D. & Mujumdar, A. S. 2009. Climate Change and Drying of Agricultural Products, *Drying Technology*, 27 (5): 629 - 635, DOI: 10. 1080/07373930902820770.

Pilli - Sihvola, K., Nurmi, V., Perrels, A., Harjanne, A. 2016. Innovations in weather services as a crucial building block for climate change adaptation in road transport. *EJTIR*, 16 (1): 150 - 173. https://journals. open. tudelft. nl/ejtir/article/ view/3119/3306.

Porter, J. R., Xie, L., Challinor, A. J., Cochrane, K., Howden, S. M., Iqbal, M. M., Lobell, D. B. & Travasso, M. I. 2014. Food security and food production systems. In C. B. Field, V. R. Barros, D. J. Dokken, K. J. Mach, M. D. Mastrandrea, T. E. Bilir et al. (eds.) *Climate Change 2014: Impacts, Adaptation, and Vulnerability. Part A: Global and Sectoral Aspects*. Contribution of Working Group II to the Fifth Assessment Report of the Intergovernmental Panel on Climate Change. Cambridge, UK and New York: Cambridge University Press.

Potter, N. N. 1986. Cold preservation and processing. In *Food Science*, pp. 201 - 245. Springer,

Dordrecht.

Puri, M. 2014. *How access to energy can influence food losses. A brief overview.* Rome，FAO.

Puri, M. , Rincon, L. & Maltsoglou, I. 2021. *Renewable energy for agrifood chains － Investing in solar energy in Rwanda.* Rome，FAO. www. fao. org/publications/card/en/c/CB6387EN/.

Quinn, A. D. , Ferranti, E. J. S. , Hodgkinson, S. P. , Jack, A. C. R. , Beckford, J. & Dora, J. M. 2018. Adaptation Becoming Business as Usual：A Framework for Climate － Change－Ready Transport Infrastructure. *Infrastructures*，3（10）. https：//doi. org/10. 3390/infrastructures3020010.

ReCAP, PMU & Scriptoria. 2012. *Life of the Research for Community Access Partnership（ReCAP），Programme Report* 2014—2020. London：ReCAP for FCDO. https：//online. fliphtml5. com/lfdbk/rdao/♯p＝1.

Rezaei, M. & Liu, B. 2017. *Food loss and waste in the food supply chain.* NUTFRUIT. www. fao. org/3/bt300e/bt300e. pdf.

Rovňaníková, D. 2017. Comparison of the Temperature Conditions in the Transport of Perishable Foodstuff. *Open Engineering*，7（1）. www. degruyter. com/view/journals/eng/7/1/article－p115. xml? language＝en♯j_eng－2017－0017_ref_0010_w2aab3b7d95-8b1b6b1ab2ac10Aa.

Seid, J. , Tesfaye, K. , Demissie, T. , Dawod, Y. , Tamene, L. , Traore, P. C. S. & Solomon, D. 2020. *Climate Services amid the Covid－19 Pandemic Seasonal and sub－seasonal climate advisory and communication to agricultural stakeholders in Ethiopia.* CCAFS. https：//cgspace. cgiar. org/bitstream/handle/10568/111754/CCAFS％20Info％20Note－23Feb2021_revPCST_KT_Final. pdf? sequence＝1&isAllowe－d＝y.

Simelton, E. , Coulier, M. , Carter, A. , Duong, T. M. , Le, T. T. , Luu, G. T. L. & Madsen, E. J. 2018. *Actionability of Climate Services in Southeast Asia Findings from ACIS baseline surveys in Vietnam，Lao PDR and Cambodia.* CCAFS. https：//cgspace. cgiar. org/bitstream/handle/10568/92120/InfoNote_ACIS_Baseline. pdf.

Sims, R. , Flammini, A. , Puri, M. & Bracco, S. 2015. *Opportunities for Agrifood Chains to Become Energy－Smart.* www. fao. org/3/a－i5125e. pdf.

Sirocchi, V. , Caprioli, G. , Cecchini, C. , Coman, M. M. , Cresci, A. , Maggi, F. , Papa, F. , Ricciutelli, M. , Vittori, S. & Sagratini, G. 2013. Biogenic amines as freshness index of meat wrapped in a new active packaging system formulated with essential oils of *Rosmarinus officinalis.* International Journal of Food Science and Nutrition，1－8.

Sirocchi, V. , Devlieghere, F. , Peelman, N. , Sagratini, G. , Maggi, F. , Vittori, S. & Ragaert, P. 2017. Effect of *Rosmarinus officinalis* L. essential oil combined with different packaging conditions to extend the shelf life of refrigerated beef meat. *Food Chemistry*，221：1069－1076.

Sloan, K. , Teague, E. , Talsma, T & Jassogne, L. 2019. One Size Does Not Fit All：

Private – Sector Perspectives on Climate Change，Agriculture and Adaptation. Chapter 19 In：T. S. Rosenstock et al.（eds.），*The Climate – Smart Agriculture Papers*. https：// doi. org/10. 1007/978 – 3 – 319 – 92798 – 5 _ 19.

SNV. 2019. *First series of climate risk assessment reports CRAFT project published*［online］. Available at：https：//snv. org/update/first – series – climate – risk – assessment – reports – craft – project – published.

M. Tendall，J. Joerin，B. Kopainsky，P. Edwards，A. Shreck，Q. B. Le，P. Kruetli，M. Grant，J. Six. 2015. Food system resilience：Defining the concept. *Global Food Security*，（6）：17 – 23. https：//doi. org/10. 1016/j. gfs. 2015. 08. 001.

Transport Information Services（TIS）. 2020. *Cargo loss prevention information from German marine insurers*. https：//www. tis – gdv. de/tis _ e/misc/lkk – htm/.

Trnka, M., Rötter, R. P., Ruiz – Ramos, M., Kersebaum, K. C., Olesen, J. E., Žalud, Z., & Semenov, M. A. 2014. Adverse weather conditions for European wheat production will become more frequent with climate change. *Nature Climate Change*，4（7）：637 – 643.

USAID. 2018a. *Private Sector Consultation on Climate Smart Agriculture*. http：// sustainablefoodlab. org/wp – content/uploads/2018/01/Private – Sector – Consultation – on – Climate – Smart – Agriculture – FtF. pdf.

USAID. 2018b. *Postharvest Loss Assessment of Tomatoes in Rwanda*. https：//horticulture. ucdavis. edu/information/ postharvest – loss – assessment – tomatoes – rwanda.

USDA. 2014. *Climate Change，Heat Stress，and U. S. Dairy Production*. https：//papers. ssrn. com/sol3/papers. cfm? abstract _ id=2506668.

U. S. Food & Drug Administration. 2017. *Full Text of the Food Safety Modernization Act（FSMA）*［online］.［Cited 14 September 2021］. www. fda. gov/food/food – safety – modernization – act – fsma/full – text – food – safety – modernization – act – fsma.

Verhage, F., Cramer, L., Thornton, P. & Campbell, B. 2018. *Climate risk assessment and agricultural value chain prioritisation for Malawi and Zambia*. CCAFS Working Paper No. 228. Wageningen，the Netherlands：CGIAR Research Program on Climate Change，Agriculture and Food Security（CCAFS）. https：//ccafs. cgiar. org/resources/ publications/climate – risk – assessment – and – agricultural – value – chain – prioritisation）.

Wang, X., Lin, D., Fan, W., Wang, T. 2018. Research on sales forecast of fresh produce considering weather factors. In *Proceedings of the 18th International Conference on Electronic Business*（pp. 541 – 548）. ICEB，Guilin，China，December 2 – 6. https：// aisel. aisnet. org/cgi/ viewcontent. cgi? article=1052&context=iceb2018.

WeatherAds. 2021. How Weather Affects Consumer Behavior and Purchase Decisions［online］.［Cited 17 June 2021］. www. weatherads. io/blog/how – weather – affects – consumer – behavior– and – purchase – decisions.

Wieben, E. 2019. *Priorities related to food value chains and the agrifood sector in the*

Nationally Determined Contributions（NDCs）. Rome，FAO.

WMO. 2021. *Official website of the Global Framework for Climate Services*. WMO GFCS. https：//gfcs. wmo. int/about‐gfcs.

WMO. 2020. *State of Climate Services*. Geneva. https：//library. wmo. int/doc ＿ num. php? explnum ＿ id＝10385.

WMO. 2017. *Energy Exemplar to the User Interface Platform of the Global Framework for Climate Services*. https：//gfcs. wmo. int/sites/default/files/Priority‐Areas/ Energy/GFCS＿ Energy％20Exemplar ＿ JN17453. pdf.

WMO. 2016. *Integrating Meteorological Service Delivery for Land Transportation*，Vol 65（2）. https：//public. wmo. int/en/resources/bulletin/integrating‐meteorological‐service‐delivery‐land‐transportation.

WMO. 2014. *El Niño/ Southern Oscillation*. World Meteorological Organization. https：// library. wmo. int/ doc ＿ num. php? explnum ＿ id＝7888.

World Bank. 2021. *Enabling private investment in climate adaptation & resilience. Current status，barriers to investment and blueprint for action.*

World Bank. 2015. *Cambodian agriculture in transition：opportunities and risks*. http：// documents1. worldbank. org/curated/en/805091467993504209/pdf/96308‐ESW‐KH‐White‐cover‐P145838‐PUBLIC‐Cambodian‐Agriculture‐in‐Transition. pdf.

World Food Programme（WFP）. 2017. *Alerta Temprana en Seguridad Alimentaria y Nutricional Luchando contra el hambre en el mundo*. Febrero 2017 Identificación de variables y puntos críticos en El Salvador，Guatemala，Honduras y Nicaragua. https：//docs. wfp. org/api/ documents/WFP‐0000022505/download/.

Wu, F. 2015. Global impacts of aflatoxin in maize：trade and human health. *World Mycotoxin Journal*，8（2）：137‐142. https：//www. ingentaconnect. com/content/wagac/wmj/2015/ 00000008/00000002/art00002.

Xiao, H. W. & Mujumdar, A. S. 2019. Importance of drying in support of human welfare. *Drying Technology*. DOI：10. 1080/07373937. 2019. 1686476.

农业粮食体系	农业粮食体系以复杂的社会和生态互动为特点，拥有众多的参与者和利益相关者，涉及从产品生产到产品消费的各种价值链活动，涵盖了农业、林业、畜牧业和渔业系统（粮农组织、国际农业发展基金、联合国儿童基金会、世界粮食计划署和世界卫生组织，2021；Mbow等，2019）
农业粮食价值链	农业粮食价值链涉及众多参与者和一系列活动，使农产品从生产到最终消费的各阶段实现增值。农业粮食价值链包括四个核心环节：生产（生产和收获）、聚合（储存和冷藏）、加工（加工和包装）和分销（市场、贸易和消费）。运输则贯穿整个链条，且每个环节涉及众多相互关联的参与者（粮农组织，2014；Wieben，2019）
气候变化	气候变化是指气候状态的变化，这种变化可通过气候属性的平均值或变异性来识别，并且这种变化持续时间较长，通常为几十年或更久（粮农组织、国际农业发展基金、联合国儿童基金会、世界粮食计划署和世界卫生组织，2021）
气候变异	气候变异是指气候在所有空间和时间尺度层面平均状态及其他统计数据（标准差、极端事件的发生等）的变化，且这种变化超出了单个天气事件的范围。气候变异可能由于气候系统内部的自然过程（内部变异）抑或自然、人为等外部强迫的变化（外部变异）所导致（粮农组织、国际农业发展基金、联合国儿童基金会、世界粮食计划署和世界卫生组织，2021）
极端天气事件	极端天气事件指天气或气候变量的值超过（或低于）某个阈值，该阈值接近观察到的该变量值范围的上限（或下限）（粮农组织、国际农业发展基金、联合国儿童基金会、世界粮食计划署和世界卫生组织，2021）
适应（气候变化）	在人类系统中，是指为应对实际或预期气候变化及其影响而进行的调整过程，以减轻气候变化带来的损害或利用其带来的有利机会。在自然系统中，是指对实际气候变化及其影响进行的调整过程；人类干预可能促进对预期气候变化及其影响的调整（政府间气候变化专门委员会，2018）
减缓（气候变化）	减缓（气候变化）是指为减少温室气体排放或提高碳汇而进行的人为干预。在气候政策中，减缓措施是指有助于减缓气候变化的技术、程序或实践，例如可再生能源（RE）技术、废物最小化处理和公共交通通勤方式（政府间气候变化专门委员会，2018）

（续）

气候韧性	气候韧性（气候适应力）是指通过系统性方法，构建和增强个人、家庭、社区、城市、机构及社会各层面对当前或预期气候变率与平均气候条件变化的防控能力，使其能够积极预防、有效抵御、充分吸收、快速适应、及时响应并高效恢复，同时在运作层面保持合理功能水平，且不损害可持续发展、和平安全、人权保障及全民福祉的长期前景（粮农组织、国际农业发展基金、联合国儿童基金会、世界粮食计划署和世界卫生组织，2021）
气候服务	气候服务涉及气候知识和气候信息的生成、翻译、传播和利用，以支持基于气候信息做出的决策及出台气候智慧型政策和规划。应采取用户友好型的方式全面提供气候服务，从而增强农业、水资源、能源、卫生和灾害风险防控等领域的早期行动能力和风险管理能力。气候服务旨在助力目标参与者基于可靠证据做出决策，确保围绕气候信息采取干预措施和开展投资，支持从短期、中期到长期的气候变化适应和减缓工作（气候服务伙伴关系，2022；世界气象组织，2021）
粮食安全	粮食安全是指所有人始终能够在物质条件、社会条件和经济条件三个维度上，稳定获取充足、安全且营养的食物，这些食物既要满足其膳食需求，又符合饮食偏好，从而保障其积极健康的生活。根据该定义，粮食安全包含四大维度：粮食供应保障、经济与物质获取途径、粮食利用效率以及长期稳定性。随着概念发展，粮食安全日益强调主体能动性与可持续性的核心地位（粮农组织、国际农业发展基金、联合国儿童基金会、世界粮食计划署和世界卫生组织，2021）
可持续发展	可持续发展是指在满足当代人需求的同时，不损害后代满足其自身需求的能力，并平衡社会、经济与环境三方面关切的发展模式。联合国通过广泛协商制定的《2030年可持续发展议程》确立了17项全球发展目标，适用于所有国家，其中包括：消除贫困与饥饿；保障健康福祉、优质教育、性别平等、清洁饮水和能源以及体面工作；建设具有韧性且可持续的基础设施、城市和生产消费模式；减少不平等；保护陆地和水域生态系统；促进和平、正义与合作伙伴关系；以及采取紧急气候行动（政府间气候变化专门委员会，2018）

图书在版编目（CIP）数据

风险管控助推气候智慧型韧性农业粮食价值链建设：气候服务的作用 / 联合国粮食及农业组织编著；张龙豹等译. -- 北京：中国农业出版社，2025. 6. -- （FAO中文出版计划项目丛书）. -- ISBN 978-7-109-33304-8

Ⅰ. F304

中国国家版本馆 CIP 数据核字第 2025LM0953 号

著作权合同登记号：图字 01 - 2024 - 6559 号

风险管控助推气候智慧型韧性农业粮食价值链建设：气候服务的作用
FENGXIAN GUANKONG ZHUTUI QIHOU ZHIHUIXING RENXING
NONGYE LIANGSHI JIAZHILIAN JIANSHE：QIHOU FUWU DE ZUOYONG

中国农业出版社出版

地址：北京市朝阳区麦子店街 18 号楼
邮编：100125
责任编辑：郑　君　　文字编辑：赵晓红
版式设计：王　晨　　责任校对：吴丽婷
印刷：北京通州皇家印刷厂
版次：2025 年 6 月第 1 版
印次：2025 年 6 月北京第 1 次印刷
发行：新华书店北京发行所
开本：700mm×1000mm　1/16
印张：8
字数：155 千字
定价：78. 00 元